U0885547

债务危机启示录

——债务危机、量化宽松及对中国地方政府债务问题的启示

范为　吴洵　著

中国金融出版社

责任编辑：吕　楠
责任校对：孙　蕊
责任印制：张也男

图书在版编目（CIP）数据

债务危机启示录——债务危机、量化宽松及对中国地方政府债务问题的启示（Zhaiwu Weiji Qishilu：Zhaiwu Weiji、Lianghua Kuansong ji dui Zhongguo Difang Zhengfu Zhaiwu Wenti de Qishi）/范为，吴洵著．—北京：中国金融出版社，2018.7

ISBN 978-7-5049-9633-6

Ⅰ.①债…　Ⅱ.①范…②吴…　Ⅲ.①债务危机—影响—地方政府—债务管理—研究—中国②货币政策—影响—地方政府—债务管理—研究—中国　Ⅳ.①F812.7

中国版本图书馆CIP数据核字（2018）第141384号

出版发行　中国金融出版社

社址　北京市丰台区益泽路2号
市场开发部　（010）63266347，63805472，63439533（传真）
网上书店　http://www.chinafph.com
　　　　　（010）63286832，63365686（传真）
读者服务部　（010）66070833，62568380
邮编　100071
经销　新华书店
印刷　保利达印务有限公司
尺寸　169毫米×239毫米
印张　11.75
字数　162千
版次　2018年7月第1版
印次　2018年7月第1次印刷
定价　49.00元
ISBN 978-7-5049-9633-6

特别鸣谢易见股份（股票代码：600093）的出版资助。

推荐序（一）

在金融史上，债务违约与债务风险爆发是金融危机和经济体系动荡的重要原因之一。在国际金融危机与货币超发、我国也出现信用过度扩张的背景下，研究债务危机爆发的原因、产生的影响和相关的治理政策，既具有理论上的重要价值，也有着实践上的紧迫需要。

近年来，范为和吴洵两位年轻学者在清华大学公共管理学院的博士后和博士学习期间，对此问题进行了认真的研究，其主要思考反映在《债务危机启示录》一书中。

通过对债务危机的理论研究，他们指出，债务危机本质上是借债主体对未来信用的过度透支，直至出现不能支付本金或利息的“明斯基时刻”。美国次贷危机爆发的表面原因是当时美国住房抵押贷款利率快速上升，导致房屋贷款人还款压力迅速增大，进而违约。然而其深层次的原因是美国自20世纪80年代以来，一直放宽对金融业的限制，推进金融自由化和所谓的金融创新。欧债危机的爆发则是由于部分欧元区国家在次贷危机后自身经济发展放缓、财政收入下降，但在欧元区大伞的保护下，产生了信息不对称，经济发展、社会福利支出过度依赖债务，当债务融资不能持续时，这些欧元区国家的主权债务违约风险迅速上升并最终导致系统性风险爆发。本轮债务危机的深刻教训以及很多可以吸取的经验是，过去几十年铸就经济增长奇迹的动能逐渐递减：人口老龄化成为许多主要国家的长期趋势、高新技术突破重塑重大产业尚待时间、逆全球化政策已成为必须面对的潮流。过度的金融创新并没有带来宏观经济显著回升，反而蕴藏着债务危机的风险。

作者认为，全球主要中央银行实施的量化宽松货币政策迅速稳定了几乎崩塌的金融市场，资本市场价格迅速反应；实体经济对量化宽松货币政策刺激的反应时滞明显缩短，但量化宽松货币政策对主要经济体的促进作用持续期也降低了，并不足以推动经济的长期稳定增长。与此同时，中国货币政策对通胀和产出变动的反应体现出典型的非线性特征，即在低增长和高增长时期，人民银行的利率调节更直接地体现为对实际产出变动的响应，将稳定产出视为当务之急；而在温和增长区域，货币政策才更趋向于对通胀的调节。这与人民银行“以稳定币值为首要责任”的经典理论并不完全符合。

中国地方政府债务问题，在近年来得到了极大关注。由于地方债务规模十分庞大，因此人们担忧债务违约会引发中国金融系统性风险。作者对中国地方政府债务问题进行了理论和实证两方面的研究。在全面讨论中国地方政府债务问题现状的基础上，作者通过建立理论模型说明了产生地方政府过度借债行为的原因。以往的文献多数强调地方政府单方面激励的原因，比如地方政府追求政绩等；而该理论模型指出，中央政府的政策目标和政策选择同样重要。中央政府为了规避债务违约造成的短期经济损失，对地方政府债务采取担保和救助，可能造成长期系统性风险的不断积累和最终爆发。地方政府高负债，是中央政府、地方政府与金融机构三方博弈造成的结果。

作者在阐述了地方政府高负债的原因后，进一步讨论了高负债的影响。由于地方政府债务资金大量来源于以银行为主的金融体系，因此地方政府债务违约可能引发系统性金融风险爆发。而且，更关键的是，即便没有出现事实违约，经济环境恶化或者债务水平增长引发的未来债务违约预期概率上升，也会直接体现在当下。影响机制的核心是，违约或者潜在违约会降低银行净资产价值，导致银行收缩资产负债表，减少信贷供给，实体经济收缩，地方政府偿债能力进一步恶化，风险溢价进一步上升，形成恶性循环。有别于一般的金融风险，地方政府违约的风险可能引发整个金融体系和金融市场的崩溃，是典型的系统性风险。另外，对土地财政的分析表明，土地市场衰退也可能成为地方政府债务违约、系统性风险爆发的导火索。

《债务危机启示录》一书的作者围绕世界与中国的实际情况，对信用体系下债务危机的研究做了有益的尝试。希望作者在此基础上对这一重要问题继续进行探讨，特别是对债务与系统性风险管理、债务与政府治理方式等问题进行深入研究。

俞乔

清华大学公共管理学院教授、
博士生导师、
学术委员会主席

推荐序（二）

改革开放40载，我国充分发挥劳动力、市场及制度等比较优势，保持了经济高速发展，已成为世界第二大经济体，为全球经济增长、人类福祉做出了较大贡献。中国经济高速增长时期，正是全球格局、世界经济极其复杂多变的时代，远有东欧剧变，近有欧美债务危机，中国都通过自身的努力、有效的政策应对，最大限度地减少了对本国社会经济的负面冲击及影响。

十多年前，美国发生次贷危机、欧洲出现欧债危机，导致美欧国家均出台了人类历史上从未有过的量化宽松货币政策，其宽松程度甚至超过了第一次世界大战、第二次世界大战期间的货币政策，对全球经济格局、金融运行模式均带来了新的挑战，这期间也对中国的经济、金融发展产生了重大影响。

为了应对欧美债务危机的冲击，中国于2008年推出“四万亿元”经济刺激计划，并由此进入了为期十年的投资主导型经济模式，投资拉动背后也是融资推动。过去的十年，中国债务规模呈现较大幅度的增长，出现了本书所称的“中国巨债”问题，特别是地方政府债务及国有企业债务。

如今，中国经济发展进入了“新时代”——已由高速增长阶段转向高质量发展阶段。切实加强债务风险防控，特别是地方政府债务管理，解决好地方政府债务问题，是防范化解重大风险、特别是防控金融风险的关键之策，是守住不发生系统性金融风险底线的重要一环。

我认识两位青年学者多年，他们在宏观经济领域，特别是债务风险研究方面多有建树，为国家承担过多项相关课题研究，为国家决策领导提出过多项有建设性的意见与建议。本书中，两位作者将以宽广的国际化视野、深邃的历史眼光和学者的责任担当，对国内外债务风险、量化宽松货币政策应对进行深入的研究，发表独到的见解；也将对中国地方政府债务问题进行透彻的剖析，并就治理地方政府债务问题提出了中肯的政策建议。相信本书对于决策者、政府官员、学者、企业家及关心中国经济发展的人士，都是开卷有益的！

刘宝瑛

国家电力投资集团有限公司董事

前 言

债务，是近年来在国内外的经济金融领域最常被提及的关键词之一，无论是学术研究者、金融从业者还是政策制定者，都对债务问题十分关切。债务融资是经济活动主体进行经济资源有效跨期配置的重要途径。合理的举借债务，能够提升经济效率，使债务人和债权人分享经济活动的收益，促进经济体的福利最大化。与此同时，在市场经济环境下，债务的产生也必然伴随着债务的违约。过度举债不仅不会带来经济效率的提升，反而大规模债务违约，会给经济体带来负外部效应，对金融稳定和经济发展造成巨大冲击。

国民经济的三个部门（企业部门、居民部门、政府部门）都是借债的主体，它们的借债行为和违约后果在不同时间、不同环境下有所差异，又往往相互交叉影响。因此，债务问题影响着整个经济体的方方面面，其中有不少有趣的、值得深入探究的理论和现实问题。我们在攻读博士、博士后的过程中，对债务违约、债务危机等相关的经济金融问题产生了浓厚的兴趣，本书即是我们探索这个领域后的学术研究成果。

在漫长的历史中，曾经爆发过无数次或大或小的债务危机，有一些影响深远，促进了金融监管和经济体系的改革，引发了经济学与金融学研究的反思，这其中就包括了21世纪发生的次贷危机和欧债危机。在本书中，我们回顾了本轮债务危机爆发的具体过程，并站在历史长周期的角度去看待上述债务危机爆发的原因。

我们认为，在金融周期下，信用的扩张推动资产泡沫的膨胀，引发过度借债行为和大面积债务违约事件产生，导致债务危机爆发，这与当前“纯纸币体系”与生俱来的痼疾密切相关。本轮债务危机发生后，全球的金融监管思路发生了重要转变，对系统性风险跨机构、跨市场的传染更加重视，宏观审慎监管成为许多国家监管制度的核心之一。与此同时，学者们也在创新经济学理论，例如在传统的宏观经济学模型中，引入金融机构的作用，更深入地刻画经济实体与金融部门的相互影响机制；对中央银行在应对危机过程中采取的大规模资产购买计划，以及“零（负）利率”环境下货币政策的影响机制和效果，进行了具体的分析。

在研究全球债务危机的同时，我们也对中国的债务问题进行了思考，尤其是近年来增长较快的中国地方政府债务。中国经济目前正经历着从投资驱动向消费驱动转型的过程，结合经济的结构转型和增长前景，中国经济中期的潜在增速应该在6%左右。在经济潜在增长率逐渐下降的环境里，若继续通过传统的投资途径拉动短期经济增长，必然进一步导致大规模债务的积累。2017年，中国国内生产总值（GDP）为82.7万亿元，全社会存量债务规模保守估计在200万亿元以上，每年仅利息支出就超过10万亿元，而2017年新增的广义货币供应量（M_2）仅为12.7万亿元。在本书中，我们将这一问题称为“中国巨债”。

在高负债率的背景下，过度借债不但没能推动中国经济发展，反而造成了经济效率低下、产能过剩、杠杆率高等一系列问题。地方政府债务是中国金融系统性风险的重要来源之一。特别是，在中国特有的政治经济环境下，在当前财政制度、金融制度亟待进一步健全的背景下，地方政府债务与隐性担保、信息不对称等问题交错在一起，债务的真实规模更难统计，违约风险更难识别、也更难处置。在过去几年里，对地方政府债务的监管逐步趋严，并且中央政府也通过债务置换等方式，暂时化解了部分的地方政府短期违约风险。尽管如此，如何从更长远的角度，建立与健全地方政府债务融资的相关制度，仍然值得继续深入思考。

因此，对全球债务危机和中国债务问题的研究，具有重要的理论意义和现实意义，这也是我们写作本书的目的。

在本书的写作过程中，我们得到了许多专家学者的指点和关心。我们首先要感谢求学阶段的几位导师：俞乔教授、赵昌文教授、房四海教授、刘强教授，导师们博大精深的学识造诣、严谨认真的治学风范和敏锐的学术洞察力，使我们学到了精益求精、学无止境的治学风范与做人做事的高尚道德品质。特别鸣谢易见股份（股票代码：600093）的出版资助，感谢冷天辉先生在出版过程中的大力支持。此外，我们还要衷心感谢谭雍研究员、王有强教授、孟庆国教授、彭宗超教授、袁先智教授、王一鸣教授、陈剑波董事、刘宝瑛董事、郭克莎教授、李泽军先生、苏治教授、孟庆斌教授、朱鸿鸣研究员在本书写作过程中给予我们的大力支持与帮助。最后，特别感谢我们的家人，无论远近，他们都随时关心着我们的成长，他们的爱是我们在人生道路上前行的精神动力。

回顾我们博士、博士后的学习与研究历程，其中充满了诸多乐趣与感悟。对经济学和金融学的研究永无止境，我们很欣慰能够在债务问题这一学术研究领域中进行一些有价值的思考，并通过本书，记载我们对这个问题的研究成果。希望读者能够在阅读本书的过程中有所收获，并对我们的研究提出宝贵的意见和建议。

范为　吴洵
2018 年 3 月

目　录

第1章　绪　论 …… 1
1.1　本书的写作背景 …… 1
1.2　相关问题的研究现状 …… 3
1.2.1　关于债务危机的研究 …… 3
1.2.2　关于量化宽松货币政策的研究 …… 5
1.2.3　关于中国地方政府债务的研究 …… 6
1.3　本书的写作目的 …… 9

上　篇　债务危机与量化宽松货币政策

第2章　本轮债务危机的回顾与启示 …… 13
2.1　债务危机 …… 13
2.1.1　债务危机的本质、形成原因 …… 13
2.1.2　全球性债务危机 …… 15
2.2　次贷危机 …… 16
2.2.1　次贷危机的概念 …… 16
2.2.2　次贷危机的触发因素 …… 17
2.2.3　次贷危机的主要过程 …… 18
2.2.4　次贷危机的影响 …… 19
2.3　欧债危机 …… 20
2.3.1　欧债危机的概念 …… 20
2.3.2　欧债危机的触发因素 …… 20
2.3.3　欧债危机的主要过程 …… 22

2.3.4 欧债危机的影响 …… 23
2.4 本轮债务危机对我们的启示 …… 24
2.5 本章小结 …… 25

第3章 本轮债务危机的诱因与根源 …… 27
3.1 次贷危机的诱因：住房抵押贷款证券化产品 …… 27
3.1.1 住房抵押贷款证券化产品 …… 27
3.1.2 住房抵押贷款证券化产品定价影响因素研究 …… 29
3.1.3 基于Monte-Carlo模拟的住房抵押贷款证券化产品定价模型 …… 34
3.1.4 对金融衍生品过度发展及定价的思考 …… 37
3.2 本轮债务危机的根源：当前国际货币体系的痼疾 …… 37
3.2.1 本轮债务危机与国际货币体系 …… 38
3.2.2 国际货币体系演进 …… 40
3.2.3 国际货币体系种类 …… 43
3.2.4 当前国际货币体系的特点 …… 45
3.2.5 当前国际货币体系的问题 …… 49
3.3 本章小结 …… 52

第4章 量化宽松与中国货币政策 …… 53
4.1 量化宽松货币政策 …… 53
4.2 量化宽松的政策效应 …… 55
4.2.1 量化宽松的脉冲响应理论 …… 55
4.2.2 量化宽松货币政策效应的模型与实证 …… 60
4.3 中国货币政策的目标反应模型 …… 67
4.3.1 货币政策目标反应的基本理论 …… 67
4.3.2 货币政策目标反应的理论模型 …… 69
4.3.3 货币政策目标反应的实证研究 …… 72
4.4 本章小结 …… 77

下　篇　中国地方政府债务问题

第 5 章　中国地方政府债务问题概述 …… 81
5.1　研究背景 …… 81
5.2　中国地方政府债务分析 …… 84
5.2.1　地方政府债务形成过程 …… 84
5.2.2　地方政府债务规模及构成 …… 85
5.2.3　地方政府偿债能力分析 …… 87
5.2.4　地方政府债务形成根源 …… 90
5.3　本章小结 …… 92

第 6 章　地方政府债务与中央政府救助 …… 93
6.1　模型含义和特点 …… 93
6.2　模型与理论推导 …… 95
6.2.1　模型设定与分析 …… 95
6.2.2　中央政府政策的信号机制 …… 101
6.2.3　借债策略与均衡 …… 113
6.3　本章小结 …… 118

第 7 章　地方政府债务与系统性风险 …… 120
7.1　模型含义和特点 …… 120
7.2　核心模型 …… 122
7.2.1　模型设定 …… 123
7.2.2　均衡的推导 …… 127
7.2.3　模型结果 …… 136
7.3　模型拓展：土地财政的影响 …… 139
7.4　本章小结 …… 144

第8章　结论与政策建议 …… 145
8.1　主要结论 …… 145
8.2　治理地方政府债务的政策建议 …… 147

参考文献 …… 151

后　记 …… 163

第1章 绪 论

1.1 本书的写作背景

债务危机是经济学与金融学中一个永恒的话题。对近800年来经济金融史的研究发现：各国经济、金融危机的爆发有一半以上都是由各种债务风险和债务违约引发的，其中包括私人部门债务和公共部门债务。2007—2008年由美国次贷危机引发的国际金融危机与经济衰退（The Great Recession）和2010—2012年的欧洲主权债务危机（The European Sovereign Debt Crisis），均与债务问题紧密相关。

研究危机旨在为避免犯同样的错误提供参考。美联储前主席伯南克在谈到金融危机史时，曾引述马克·吐温的名言“历史不会重复自己，但会押着同样的韵脚”。尽管现实并非过去历史的完全复制，但读史知未来，历史是我们认识并解决现实问题的重要参考。当前，中国政府部门以及企业部门均面临着严峻的债务压力，在此背景下，我们研究债务理论问题、量化宽松货币政策以及对中国债务问题的启示，无论是对学术理论界，还是对政府、企业等实务界，均具有一定的参考借鉴意义。

债务的本质是借债主体（如政府、企业）对其未来货币信用的透支，债务危机就是借债主体大量负债，超过了借款者自身的信用上限及清偿能力，造成无力还债或必须延期还债的情况。我们将探讨债务危机，特别是21世纪最大的全球性债务危机，包括2007年的次贷危机以及2010年的欧债危机，并研究引发次贷危机的元凶——住房抵押贷款证券化产品。通过对其进行深入研究，理解由于金融过度创新，衍生金融工具成为引爆债务危机的触发点与催化剂的原因。

同时，要理解清楚债务问题，就离不开对货币的研究。货币体系包括过去的实物货币体系（以黄金为核心）以及当前的信用货币体系（以美元为核心），实物货币体系对债务有天然的约束，而以美元为核心的信用货币体系对债务只有弱约束。本轮债务危机在一定程度上便是由当前货币体系的痼疾以及非稳态造成的。在本书中，我们将回顾两种货币体系的发展历程，阐述当前货币体系的特点及问题，这对理解当前世界的债务问题有非常大的帮助。

研究完债务危机、货币体系后，我们将着重研究货币应对政策，特别是历史上第一次的量化宽松货币政策。我们知道，在债务危机爆发后，全球中央银行普遍实行了史无前例的量化宽松货币政策，这在人类经济史中从未有过。从目前来看，量化宽松货币政策避免了全球经济走向深度衰退，但是否会有后遗症目前尚未得知，因此量化宽松货币政策非常值得我们深入研究。我们看到，先是美联储采取了三轮量化宽松货币政策，接着欧元区、英国、日本、中国等主要经济体中央银行均采取了非常规的货币政策，来对冲债务危机的冲击和负面影响。这种新型货币政策的实际效果如何，对债务危机的缓释作用能有多大，又有什么后遗症，都值得我们研究。同时，我们还将研究中国货币政策目标，到底是以维持物价稳定为第一要务，还是以维持经济增长为首要目标，并通过建立非线性最优货币政策选择模型，对中国货币政策与通胀和产出变动之间的非线性反应规则进行研究。

研究完量化宽松货币政策后，我们将结合当前中国的现实情况，着重研究中国地方政府债务问题（这是当前中国的系统性风险之一①）。我们将首先定性探讨中国地方政府债务问题的现状，包括地方政府债务的形成过程、规模及构成、偿债能力和形成根源。然后，我们将重点建立两个关于中国地方政府债务的经济学模型，从理论上解释地方政府债务形成的原因

---

① 我们认为当前中国面临的五大系统性风险包括：（1）地方政府债务过度膨胀导致的地方债务违约风险；（2）实体经济产能严重过剩导致的企业破产风险；（3）房地产泡沫持续升级导致的资产价格泡沫破灭风险；（4）影子银行问题导致的金融系统风险；（5）货币发行量过大引发的通胀和汇率风险。

和所带来的影响。我们将分析中央政府救助和地方政府借债行为之间的相互作用，并分析地方政府高负债通过金融体系的传导、引发系统性风险爆发的具体机制。

本书综合运用定性和定量的研究方法，对债务危机、量化宽松货币政策、中国地方政府债务等多个重要问题进行了理论上和实证上的深入研究。对这些问题的研究，不仅在理论上具有重要的学术价值，而且在实践上对相关政策的制定也颇有意义。希望通过本书的写作，能够深入剖析债务危机的本质，清晰梳理债务与货币之间、债务危机与货币政策应对之间的关系，并为理解当前中国经济中的债务问题提供一定的启发。

1.2 相关问题的研究现状

本书主要探讨债务危机（特别是次贷危机与欧债危机）、货币政策应对（特别是量化宽松货币政策）以及对中国地方政府债务问题的启示。研究内容涵盖了债务危机、美国货币政策及中国货币政策应对、中国地方政府债务问题等几个方面，具有重要的理论意义和现实意义。

1.2.1 关于债务危机的研究

国内外研究者一直都对债务问题具有很高的关注度和兴趣。在政府债务中，包括主权债务（中央政府对外债务）与非主权债务（中央政府对内债务与地方政府债务）。花旗银行前董事长 Rishton 曾有句名言“国家不会破产”，这意味着国家不会像企业那样彻底破产，一国债务的违约通常是在考虑社会、政治成本之后做出的选择，大部分违约发生于该国可用资源完全枯竭之时。

政府的债务风险既有外债风险，也有内债风险。Reinhart 和 Rogoff（2012）的研究表明：在1800年以来的历史记录中，全球各国内债违约的次数要低于外债违约的次数，这期间外债违约了250次左右，而内债违约的次数约为70次。但这并不意味着内债违约的风险小于外债违约，另一组数据可说明此问题：1950—2007年，“内债/政府总债务”指标一直高于

50%，最高达到约80%，也就是说，内债的规模远大于外债的规模，内债出现违约的负面影响将大于外债违约。

Agniar 和 Gopinath（2007）提出政府（特别是新兴市场国家政府）往往把经济周期中复苏和繁荣的有利局面误认为是一种永久性的常态，从而无节制地借贷和进行公共支出，最终当经济走向下行周期时，债务问题就大量暴露出来，并以悲剧收场。Reinhart、Rogoff 和 Savastano（2003）基于各国1820—2002年的数据研究了主权国家的“债务忍耐度”，认为新兴市场国家的债务违约时，往往其一些指标（如外债/GNP）并不是很高，有的“外债/GNP”指标甚至只有15%，这在成熟市场国家完全可以避免违约。因此，评估一国的债务违约概率，除了考虑债务比率之外，还需要充分考虑该国在历史上的“债务忍耐度”。

Reinhart 和 Rogoff（2008）比较研究了2007年的美国次贷危机和此前一些债务危机的差异及相似之处，发现次贷危机发生前的政府（主权）债务及通货膨胀率等指标的确低于其他几次危机发生前的均值水平，但其经常账户赤字水平较正常值高，并能反映出一些危机信号，但不幸的是，这并未引起当时政府的足够重视。Serge（2011）研究了欧洲主权债务危机发生的原因，认为除了欧元区“财政货币不统一”的结构性矛盾之外，2007年美国次贷危机导致的欧洲不少国家贸易逆差加剧、私人和政府的债务杠杆在短时间内快速增加也是重要原因。

Calvo（1988）提出面对较重的国内债务负担或债务风险，政府（特别是新兴市场国家政府）总是倾向于采用金融抑制的方式，包括制造较高的通货膨胀以及限制存款利率水平上限等，来变相减轻自身的债务负担，这本质上也是一种变相违约，是对居民财富的隐性掠夺。Jeanne 和 Guscina（2006）则使用1980—2005年19个重要新兴市场国家的国内债务数据进行了实证研究，结果表明，越是不发达的国家越无节制地采用金融抑制来缓解国内债务压力，甚至有些还引发了汇率崩溃或超级通货膨胀。

关于中国的主权债务风险问题，李扬等（2012a、2012b）基于国民资产负债表的理论框架，编制了2000—2010年的中国主权资产负债表。其研究结果表明，中国各年主权资产净额均为正值且呈上升趋势，中国政府拥有足够的主权资产来覆盖其主权负债。因此，在短期内，中国发生主权债务危机的可能性极低。其对总债务水平与全社会杠杆率的分析显示，中国的全社会杠杆率虽高于金砖国家，但远低于所有的发达经济体，总体上处于温和、可控阶段。

1.2.2 关于量化宽松货币政策的研究

2007年次贷危机发生之时，正处于虚拟经济与实体经济严重背离的形势下，发达国家中央银行主要采用了超宽松货币政策，这对本国乃至世界经济都造成了深远影响。在经济全球化、虚拟经济与实体经济背离的背景下，美联储量化宽松货币政策对本国以及世界经济究竟会产生何种作用效果?

一部分学者认为量化宽松货币政策对本国实体经济增长、通货膨胀与就业有比较显著的改善作用，这主要归因于在最低零利率的限制下，大规模的资产购买行为能维持长期低利率水平，降低资产买卖价差，即通过传统货币政策传导机制——利率机制发挥作用，同时对股市的高估，较低的汇率都推动了经济的全面复苏。Giannone 等（2012）认为欧洲中央银行的政策效果显著，他们运用 BVAR 测算出政策的实施使工业产出上升2%，失业率下降0.6%。Baumeister 和 Benati（2013）运用 TVP-BVAR 模型以及反事实模拟，表明美国和英国的非常规货币政策能够转移通缩及产出下降的风险并且对经济有冲击作用。Kapetanios 等（2012）基于长短期资产组合平衡机制，运用了 BVAR、MS-SVAR、TVP-SVAR 三个模型，平均结果显示英国的量化宽松货币政策对实际 GDP 增长率和 CPI 通胀分别产生了1.5%和1.25%的尖峰效应。

并非所有的学者都同意以上观点，一些学者认为量化宽松只能在一定程度上缓解金融危机，但并不能促进经济的持续复苏。Gambacorta、Hofmann 和 Peersman（2014）运用面板 VAR 模型分析了自2008年次贷危机以来八个发达经济体的月度数据，结果显示在零利率限制下，对中央银行资产负债表的外部冲击会对经济活动和消费价格产生暂时性的冲击，量化宽松对产出的影响与传统货币政策工具效果相似，但对价格的影响程度更小，持续性更弱。Curdia、Ferrero 和 Chen（2012）运用加入市场分割的 DSGE 模型分析美国大规模资产购买计划（LSAP，Large-Scale Asset Purchases）对宏观经济变量的影响，结果显示对 GDP 增长率以及通胀存在正向影响，但程度很小，不超过 0.5 个百分点。

国内针对量化宽松货币政策的研究主要以定性研究为主，包括政策的作用机制、政策实施对本国产生的影响、量化宽松货币政策退出时机、机制的选择以及对我国经济的影响几个方面。

盛夏（2013）指出量化宽松货币政策对我国不同部门的冲击时滞不同，且短期影响大于长期影响。国内仅有的定量研究局限于讨论量化宽松对我国物价水平产生的影响，陈磊和侯鹏（2011）基于流动性溢出理论，运用面板 VAR 模型、GMM 模型、脉冲响应函数以及方差分解的计量方法，得出金砖国家的通货膨胀很大程度上是由国际资本流入引发的流动性过剩导致的。齐晓楠等（2013）建立了包含中美两国实体经济、虚拟经济相应指标的中国经济联立方程组，并通过政策情景模拟，检验美联储新增国债的规模对人民币有效汇率的影响，结果表明中长期存在正向作用。

1.2.3 关于中国地方政府债务的研究

对中国地方政府债务的学术研究，大致可以分为定性讨论与理论研究、实证研究两类。

目前来讲，中国地方政府债务的管理还处在不断探索的初级阶段，相关的研究多数依然停留在较浅的层面。早期的研究，比如郭琳和樊丽明（2001）、宋立（2004）等，对地方政府债务的风险、特点、形成原因、解决办法等进行了定性讨论。2009 年后，对地方债务的研究不断增加。许多学者利用不同口径的数据，对地方债务规模进行了估算，并且从定性的角度对地方政府债务的成因、债务规模控制、风险防范等问题进行了分析，提出了治理地方债务的政策建议，比如 Zhang 和 Barnett（2014）、Lu 和 Sun（2013）、Ma（2013）、Chang、Yang 和 Huang（2013）、Fan 和 Lv（2012）、刘少波和黄文青（2008）、于海峰和崔迪（2010）、贾康等（2010）、黄国桥和徐永胜（2011）等。

一些学者从特定视角分析了地方政府债务问题。贾康等（2009）、邓淑莲和彭军（2013）从国际比较的视角出发，讨论了如何借鉴国际经验改革中国地方政府债务体系。刘尚希等（2012）使用压力测试的方法，运用大量数据测算了“十二五”时期地方政府的债务压力，结果显示我国债务风险总体可控但压力持续走高，未来形势较为严峻。郑春荣（2012）提出，虽然我国地方政府债务全面违约的风险较小，但比债务违约更可怕的是，地方债务融资模式打乱了传统的财政管理模式，形成了新的风险，包括：政府介入微观企业经营，挤出私人部门的投资，造成我国市场经济机制的倒退；地方政府在投资中存在盲目决策、工程腐败和资金浪费隐患；地方政府过度借债还造成了地方政府无法建立现代化的财政体制，破坏了财政预算的统一性；等等。

在理论研究层面，目前关于中国地方债务的经济学理论模型还比较少。基于预算软约束（Soft Budget Constraint）文献的经典框架［可参考 Dewatripont 和 Maskin（1995）、Kornai、Maskin 和 Roland（2003）、Qian 和 Roland（1998）］，结合中国的财政分权制度，一些学者对地方政府过度借债的行为进行了解释。龚强、王俊和贾坤（2011）对财政分权视角下的地方政府债务问题进行了综述，指出地方政府债务问题成因与分税制度不完善、地方官员激励扭曲、地方融资平台不规范、宏观调控和财政政策需要等因素有关。姜子叶和胡育蓉（2016）对预算软约束作用于地方政府债务的机制进行了理论解释，并与20世纪90年代中国的国有企业债务危机进行比较。王永钦、戴芸和包特（2015）研究了财政分权制度下地方政府债券不同的发行方式，比较了与发行方式相关的效率、福利、最优信息准确度等问题，指出地方政府自主发债可以减少预算软约束的问题。对于地方政府高负债的影响，吴盼文等（2013）运用 DSGE 模型对中国政府隐性债务扩张的冲击进行了研究，指出中国政府债务可持续性不断下降，财政风险容易传导至金融体系。但是，他们的研究不够聚焦地方政府债务，只是针对一般性政府债务，其结论对地方政府债务风险冲击的解释力并不强。

从财政体制的角度来讲，中央政府和地方政府财力与事权不匹配是造成地方政府高负债的一个原因（贾康等，2010）。但是，这未能完全解释的一个问题是，总体而言，尽管中国的公共财政制度在不断完善，地方政府的过度借债动机却没有得到明显抑制。而基于预算软约束框架的理论解释，往往更强调地方政府的激励机制，相对忽视了中央政府在其中扮演的角色。与上述文献不同的是，本书认为，地方政府债务问题是中央政府和地方政府共同作用的结果。因此，本书从这一视角，构建了理论模型来解释地方政府高负债的原因。

对地方政府债务的计量实证研究，按照研究对象的不同，可以大致分为两类，分别是对债务规模和债券价格的研究。对于债务规模，陈志勇和陈思霞（2014）构建了中国省级财政预算约束指数，证实了预算软约束会导致地方政府债务规模扩张，指出了制度环境对约束地方政府投资冲动的重要性。钟辉勇和陆铭（2015）用专项转移支付规模来代表地方政府道德风险的大小。他们发现专项转移支付上升会增加地方城投债的发行规模，而一般性转移支付和税收返还没有显著影响。另外，上述规律只对中西部省份显著。范剑勇和莫家伟（2014）通过理论和实证两方面的分析，证明债务双重引资作用导致地方政府借债冲动难以遏制。地方政府增加借债，不但能直接增加 GDP，而且能通过基础设施建设和压低工业用地价格这两个渠道吸引投资者，助推工业增长。总体而言，上述实证文献想解释的核心问题是，地方政府为何会有扩大借债规模的动机。

另外，债券价格是债券市场的核心变量，包含了债务风险、投资者认知等许多重要信息。由于城投债是当前中国地方政府债务中最为市场化、同时数据最为公开可得的债务类型，因此，多数学者都是基于城投债数据分析各类相关问题。罗荣华和刘劲劲（2016）、汪莉和陈诗一（2015）分别基于城投债发行利率和到期收益率，研究了地方政府隐性担保的问题，发现隐性担保能降低城投公司的债务融资成本。与之相反，韩鹏飞和胡奕明（2015）使用城投债当年最后一天平均债券风险溢价，却发现地方政府隐性担保会增加城投债券风险和成本。有些学者利用城投债数据，研究了城投债风险溢价和企业经营、地方宏观经济、政府官员腐败等因素之间的关系，Ang、Bai 和 Zhou（2015）、Wang 和 Yu（2014）是其中具有代表性的研究。

除了上述对中国地方债务本身的讨论，也需要注意到，地方债务与当前中国经济发展中的许多热点问题都密切相关，如影子银行系统。Hachem和Song（2016）针对近年来快速膨胀的中国影子银行系统进行了建模，指出金融机构之间的相互竞争和利润空间的缩小，是金融机构通过影子银行系统向地方政府提供资金的重要动机。Elliott和Yu（2015）、Elliott、Kroeber和Yu（2015）对中国影子银行系统产生的原因进行了定性分析，并从政策的角度对影子银行系统改革提出了相关政策建议。这些研究，对本书关于地方债务的研究，也是一个很好的补充。

1.3 本书的写作目的

写作本书，是为了在次贷危机、欧债危机等21世纪主要金融危机爆发的数年后，研究债务问题和政策应对方式及效果，期望通过对债务危机、国际货币体系、货币政策应对等方面的系统性研究，为中国解决债务问题提供一些思路和方法。目前，债务问题不仅仅是欧洲、美国、日本等发达国家，同时也是中国等新兴市场国家所面临的现实问题，如何处理好债务风险、建立危机应对机制对中国经济和社会稳定发展具有重要意义。

（1）研究债务危机

经济/金融危机是在不同社会经济环境下、实体领域和金融领域的多种负面因素交互作用的结果，其形成机理各不相同，但又存在共同之处。其表现形式可以多种多样：1）银行业危机；2）资产价格泡沫危机；3）通货膨胀危机；4）汇率危机；5）债务危机，包括主权债务违约、国内债务违约等。有研究表明这其中债务危机诱发的经济/金融危机占比最高。因此，本书希望对债务危机的成因进行深入探讨，并讲述21世纪最大的债务危机——次贷危机以及欧债危机。

（2）研究次贷危机的诱发因素

我们看到尽管有不少关于住房抵押贷款证券化产品的定价研究，但仍然未能在次贷危机爆发前有效地对市场风险进行预警，避免危机的出现。这说明过往的研究体系及方法仍然存在值得改进的地方。本书希望通过用

Monte-Carlo 数值方法来进行定价，从而更准确地考虑到影响住房抵押贷款证券化产品的多个影响因素，提出一个同时考虑了提前偿付率、违约率、随机利率的三因素模型。

（3）研究国际货币体系

研究债务必然离不开货币，因为货币是债务的度量衡。同时，本轮债务危机的爆发从根源上讲也有当前货币体系的因素。通过梳理国际货币体系，我们发现债务危机的爆发有一定的因素是由于当前信用货币体系的非稳态。对比以黄金为核心的实物货币体系、以美元为核心的信用货币体系，我们希望通过提出一个黄金的三因素模型，来探讨黄金与汇率体系、货币体系稳定性的关系。

（4）研究量化宽松货币政策

2007 年国际金融危机后的全球性量化宽松货币政策在历史上尚属首次，对世界各大经济体迅速产生巨大影响，但量化宽松货币政策对经济复苏究竟有多大作用仍存在争议。本书基于量化宽松货币政策对全球经济产生影响的典型化事实，提出一种新型影响模式——“脉冲式响应”，运用实体经济与虚拟经济相背离的理论分析脉冲式响应的内在作用机理，引入 TVP-BVAR 模型量化分析美联储量化宽松货币政策对美国及中国经济的作用效果。

（5）研究中国地方政府债务

中国地方政府债务风险已经成为中国经济的主要系统性风险之一。本书试图通过从各方获取的公开统计数据厘清地方政府债务的规模及构成，并分析地方政府的偿债能力，从而判断地方政府债务的风险程度。在梳理清楚现状的基础上，本书希望从经济学理论上，深入解释和分析中国地方政府债务形成的原因和其对经济金融系统造成的影响。同时，本书将对治理中国地方政府债务问题提出了相应的政策建议。

上　篇

债务危机与量化宽松货币政策

第 2 章　本轮债务危机的回顾与启示

本章主要通过定性分析，阐释债务危机的理论和形成原因，特别是本轮次贷危机和欧债危机的触发因素、主要过程及影响。第 2.1 节对债务危机进行概述；第 2.2 节分析次贷危机；第 2.3 节分析欧债危机；第 2.4 节讨论以次贷危机和欧债危机为代表的债务危机对我们的启示；第 2.5 节是本章小结。

2.1　债务危机

债务危机是指在国民经济三部门（企业部门、居民部门、政府部门）中的一个部门或多个部门大量负债，超过了借款者自身的清偿能力，造成借款者无力还债或必须延期还债的现象。本节将探讨债务危机的本质、形成原因，以及近代经济史中的全球性债务危机。

2.1.1　债务危机的本质、形成原因

金融与经济危机是在不同社会经济环境下、实体领域和金融领域的多种负面因素交互作用的结果，其形成机理各不相同，但又存在共同之处。在此，可以将其表现形式归结为以下五类：（1）银行业危机，包括银行挤兑造成的偿付危机和金融抑制下的银行业信心危机（Bernanke 和 Gertler，1995、2001）。此类危机通常是由于，起初国家通过金融抑制使民众别无选择只能把钱存到银行，政府再通过命令或窗口指导让银行为政府投资提供资金，并通过设置利率上限及制造通货膨胀来产生变相的税收效果，而当金融抑制结束后，银行业往往会面临民众的不信任或信心危机。（2）资产价格泡沫危机，主要是指房地产市场和股票市场价格泡沫破灭（Reinhart 和 Rogoff，2012）。（3）通货膨胀危机，即持续地超过 10% 的恶

性通货膨胀所引发的国内持币人对货币的信心危机（Reinhart 和 Rogoff，1994）。（4）汇率危机，即年贬值率超过 25% 的货币危机（Frankel 和 Rose，1996）。（5）债务危机，包括主权债务违约、内债违约（MacDonald，2006）。通过对近现代经济、金融历史的统计，债务危机是经济（金融）危机的最主要表现形式，约占到一半以上。

债务危机的本质是对未来信用的透支，如果未来产生的现金流不足以支付债务本息就会产生违约，而如果未来产生的现金流不足以支付债务利息，那么问题就更为严重了，因为债务规模就会发散式增长，即债务雪球越滚越大，直至债务和资产价值崩溃，出现“明斯基时刻”①。

具体而言，债务危机的形成原因从企业、居民、政府三部门来看通常有以下几个方面的因素：

（1）对企业部门而言，在经济繁荣时期，企业部门都会以扩张性的心态预期未来，在具体经济活动中表现为增加负债进行投资，推高杠杆率。由于在经济上升周期中，良好的盈利往往会使企业家产生“过度自信”（Overconfidence）的心理，部分投资是跟风的，容易形成过剩产能。一旦经济进入下行周期，企业效益下降，过重的债务负担就容易使企业部门无法偿还银行借贷、民间借贷、员工工资以及上游供应商货款等债务，出现现金流断裂或者资不抵债的债务风险。

（2）对居民部门而言，在经济繁荣时期，居民部门有充分的就业机会，有良好的收入预期。这种情况下，居民部门容易进行过度消费或投资，特别是进行房地产投资。而当经济进入下行周期，就业机会减少、居民工资收入减少的双重压力会使居民部门的债务变得不可持续，从而出现债务危机。最典型的例子就是 2007 年发生的美国次贷危机。在“大稳健”时期（The Great Moderation），美国经济持续向好、居民部门收入预期稳定，因此进行大规模的、高杠杆（极低首付）的房地产消费与投资，而当

① “明斯基时刻”（Minsky Moment）是指 Hyman Minsky 所描述的资产价值崩溃时刻。他的观点主要是经济长时期稳定可能导致债务增加、杠杆比率上升，进而从内部滋生爆发金融危机和陷入漫长去杠杆化周期的风险。经济好的时候，投资者倾向于承担更多风险，随着经济向好的时间不断推移，投资者承受的风险水平越来越大，直到超过收支不平衡点而崩溃。

出现经济下行后，高杠杆的房地产贷款变得不可持续，加之投资银行对其进行的金融衍生化，导致最终出现了 21 世纪到目前为止最大的债务危机。

（3）对政府部门而言，当经济下滑时，私人部门会降低预期，进行“三去”（去产能、去库存和去杠杆），但对政府而言，它需要发挥社会经济稳定器的作用，必要时需通过增加自身债务来对冲经济的下滑。在一些极端情况中，政府还不得不将私人部门的债务纳入政府的资产负债表，以免出现社会经济崩溃。因此，往往政府的债务在经济低迷时还不能有效地降低，这就容易诱发政府部门的债务危机（主权债务危机）。2010 年爆发的欧洲主权债务危机便是最典型的例子。次贷危机以后，全球经济已经进入衰退阶段，但欧洲部分经济下滑严重的国家为了维持社会福利的稳定，仍不得不大量举借债务，最终债务规模增长变得不可持续，爆发了主权债务危机。

2.1.2　全球性债务危机

债务危机可以是局部的、区域性的，也可以是跨区域性的，甚至是全球性的。就其影响面、危害程度而言，全球性债务危机无疑更大。因为局部的债务危机发生后，债务国可以通过货币贬值、增加出口来偿付所欠债务，而当发生全球性债务危机后，各国都会增加贸易壁垒，甚至竞争性贬值，这样出口换汇这条解决途径就不再容易实现了。

如何界定全球性债务危机？我们认为其在以下几个方面区别于区域性债务危机：（1）至少有两个洲（地区）陷入债务风险或危机之中；（2）每个危机地区至少有三个国家受到债务危机影响；（3）危机中至少有一个 GDP 排名全球前五的国家。满足以上三个条件才能称为全球性债务危机。我们统计了过去百年的债务危机，发现的全球性债务危机如表 2－1 所示。

表 2－1　　过去百年的全球性债务危机

危机	主要受影响地区	主要受影响国家
1929 年经济大萧条	美洲、欧洲	美国、法国
20 世纪 80 年代债务危机	拉丁美洲、非洲	墨西哥、巴西、阿根廷、美国
亚洲金融风暴	亚洲、欧洲	泰国、马来西亚、韩国、日本、俄罗斯
次贷危机、欧债危机	美洲、欧洲	美国、欧洲（外围）国家

在过去的数十年里，我们经历了1929年经济大萧条以来最大的全球性债务危机，即便我们通过史无前例的量化宽松货币政策，避免了全球进入第二次经济大萧条。但毫无疑问，其严重程度仍然超过了经济大萧条以来的其他危机事件，包括：布雷顿森林体系的崩溃、第一次石油危机、20世纪80年代的发展中国家债务危机以及东南亚金融危机，堪称“第二次大紧缩”，全球银行业危机、汇率危机、房地产危机在同一时间爆发。

危机前，美国经历了10余年的“大稳健”时期，实体经济活动的整体波动性降低，诸如实际GDP、工业生产、就业增长、失业率等周期性的宏观指标波动变小，因而经济出现周期性衰退的概率也被认为减小。大多数市场参与者都以为他们进入了一个增长无尽、无限繁荣的新时代，部分经济学家、政策制定者也认为他们在金融工具与货币政策领域所取得的进展足以驯服经济周期，并阻止金融风险的蔓延。但事实上，在市场最大意的时候，危机发生了，并且是“大崩溃”级别的全球性危机，先是美国出现次贷危机，再是传导至欧元区的债务危机，现在仍然有向部分新兴市场国家（贸易逆差+财政赤字）传染的可能性。

接下来，在2.2节和2.3节，我们将分别回顾次贷危机和欧债危机。

2.2 次贷危机

2.2.1 次贷危机的概念

次贷即次级按揭贷款（Subprime Mortgage Loan）。在美国，个人贷款是非常普遍的现象。美国居民很少全款买房，通常都是长时间贷款。但在美国社会，失业和再就业也是很常见的现象。这些收入并不稳定甚至根本没有收入的人，买房因为信用等级达不到标准，就被定义为次级信用贷款者，简称次级贷款者。

次级抵押贷款是一个高风险、高收益的行业，指一些贷款机构向信用程度较差和收入不高的借款人提供的贷款。与传统意义上的标准抵押贷款的区别在于，次级抵押贷款对贷款者的信用记录和还款能力要求不高，贷款利率相应地比一般抵押贷款高很多。那些因信用记录不好或偿还能力较弱而被银行拒绝提供优质抵押贷款的人，会申请次级抵押贷款购买住房。

美国次级抵押贷款市场通常采用固定利率和浮动利率相结合的还款方式，即购房者在购房后头几年以固定利率偿还贷款，其后以浮动利率偿还贷款。在 2006 年之前的 5 年里，由于美国住房市场持续繁荣，加上前几年美国利率水平较低，美国的次级抵押贷款市场迅速发展。

随着美国住房市场的降温尤其是短期利率的提高，次贷还款利率大幅上升，购房者的还贷负担大为加重。同时，住房市场的持续降温也使购房者出售住房或者通过抵押住房再融资变得困难。这种局面直接导致大批次贷的借款人不能按期偿还贷款，银行收回房屋，却卖不到高价，大面积亏损，引发了次贷危机。

2.2.2　次贷危机的触发因素

对于美国次贷危机的发生，表面上直接原因是美国的利率上升和住房市场持续降温。利息上升，导致还款压力增大，很多本来信用不好的用户感觉还款压力大，出现违约的可能，对银行贷款的收回造成影响。由于之前的房价很高，银行认为尽管贷款给了次级信用借款人，如借款人无法偿还贷款，则可以利用抵押的房屋来还，拍卖或者出售后收回银行贷款。但由于房价突然走低，借款人无力偿还时，银行把房屋出售后，却发现得到的资金不能弥补当时的贷款利息，甚至都无法弥补贷款本金。究其深层次原因，我们认为主要包括以下三点：

（1）现代货币体系的痼疾：在目前的国际货币体系下，由于世界各国实施了自由化的经济政策和浮动汇率，直接加速了资本的跨境流动并推动了金融全球化的进程。金融资本在高速的流动中迅速增值与膨胀，并部分表现出与现实的脱离。而美国则凭借美元在货币金字塔中的顶端位置，成为“唯一完全可以根据国内目标（如就业、外贸等）而不论美元汇率的浮动情况如何来推行某种国内政策的国家”。因此，与美元为中心的国际货币体系相联系的国际收支不平衡，也一直伴随着世界经济的发展。美国享有的铸币税特权会导致经济失衡和潜在危机。正是由于这种特权，美国居民大量超前消费，国际收支经常项目持续逆差，不注重发展国内的实体经济，虚拟经济和实体经济严重失衡，最终爆发次贷危机并快速地在全世界传导。

（2）新自由主义经济政策：所谓新自由主义，是一套以复兴传统自由主义理想、以减少政府对经济社会的干预为主要经济政策目标的思潮。美国新自由主义经济政策开始于20世纪80年代初期，其内容主要包括：减少政府对金融、劳动力等市场的干预，打击工会，推行促进消费、以高消费带动高增长的经济政策等。自由主义经济学理论历来重视通过消费促进生产和经济发展。亚当·斯密称“消费是所有生产的唯一归宿和目的”，熊彼特认为资本主义生产方式和消费方式“导源于一种以城市享乐生活为特征的高度世俗化”，也就是说，他们认为奢侈消费在表面上促进了生产。

（3）金融业严重缺乏监管：新自由主义的一个重要内容是解除管制，其中包括金融管制。自20世纪80年代初里根政府执政以后，美国一直通过制定和修改法律，放宽对金融业的限制，推进金融自由化和所谓的金融创新。例如，1982年，美国国会通过《加恩—圣杰曼储蓄机构法》，给予储蓄机构与银行相似的业务范围，但却不受美联储的管制。根据该法，储蓄机构可以购买商业票据和公司债券，发放商业抵押贷款和消费贷款，甚至购买垃圾债券。另外，美国国会还先后通过了1987年《公平竞争银行法》、1989年《金融机构改革、复兴和实施方案》，以及1999年《金融服务现代化法案》等众多立法，彻底废除了1933年《美国银行法》（即《格拉斯—斯蒂格尔法案》）的基本原则，将银行业与证券、保险等投资行业之间的壁垒消除。在上述法律改革的背景下，美国华尔街的投机气氛日益浓厚。特别是自20世纪90年代末以来，随着利率不断走低，资产证券化和金融衍生产品创新速度不断加快，加上弥漫全社会的对未来繁荣的盲目乐观，为普通民众的借贷超前消费提供了可能。特别是房地产市场只涨不跌的“神话”，诱使大量不具备还款能力的消费者纷纷通过按揭手段，借钱涌入住房市场。

2.2.3 次贷危机的主要过程

回顾2007年次贷危机，其演进过程大致可以分为以下三个阶段。

第一阶段，危机爆发阶段。2007 年 2 月，汇丰银行宣布北美住房贷款按揭业务遭受巨额损失，减记 108 亿美元相关资产，次贷危机由此拉开序幕。2007 年 4 月，美国第二大次级抵押贷款公司——新世纪金融公司因无力偿还债务而申请破产保护，裁减员工比例超过 50%。随后 30 余家美国次级抵押贷款公司陆续停业。受次贷风暴影响，当年 8 月，美国第五大投资银行贝尔斯登宣布旗下两只对冲基金倒闭，随后贝尔斯登、花旗、美林证券、摩根大通、瑞银等相继爆出巨额亏损。2008 年 3 月中旬，贝尔斯登因流动性不足和资产损失被摩根大通收购。投资者的恐慌情绪开始蔓延。

第二阶段，全面扩散阶段。次贷危机愈演愈烈，华尔街整体陷入流动性危机。2008 年 7 月中旬，美国房地产抵押贷款巨头“两房”（房利美和房地美）遭受 700 亿美元巨额亏损，最终被美国政府接管。作为美国最大的汽车厂商，通用公司的股价跌至 50 余年来的最低水平，破产危机隐现。2008 年 9 月中旬，美国第四大投资银行雷曼兄弟陷入严重财务危机并申请破产保护，美林证券被美国银行收购，华尔街的五大投资银行倒闭了 3 家。雷曼兄弟的破产，彻底击垮了全球投资者的信心，包括中国在内的全球股市持续暴跌，欧洲的情况尤为严重，诸多知名金融机构频频告急，欧元兑美元汇率大幅下挫。2008 年 9 月下旬，总部位于西雅图的华盛顿互惠银行被美国联邦存款保险公司接管，成为美国有史以来倒闭的规模最大的银行。

第三阶段，企稳回升阶段。次贷危机后，不仅金融市场遭受全面打击，流动性出现严重不足，美国的经济也受到了严重冲击。2008 年第四季度，美国 GDP 下降 6.1%，失业率节节攀升并于 2009 年创下 50 多年来的最高纪录。随后，美国政府在 2009 年出台了全面的经济刺激计划。美联储经过多次降息后，将利率降至接近于零的水平，并一直维持不变。

除此之外，美联储先后出台了三轮量化宽松货币政策，通过购买大量的美国国债和资产支持证券，为市场注入流动性。之后，一连串危机应对措施的效果开始显现，美国经济逐渐复苏。

2.2.4　次贷危机的影响

首先，次贷危机的直接影响包括：受到冲击的是众多收入不高的购房者，由于无力偿还贷款，住房被银行收回；次级抵押贷款机构由于收不回贷款遭受严重损失，甚至被迫申请破产保护。

其次，这场危机无疑给国内金融业带来了不少启示。在金融创新、房贷市场发展和金融监管等方面，美国次贷风波爆发以来，无论是从全球资本市场的波动还是从美国实体经济的变化来看，次贷之殇在美国乃至全球范围内都不容小觑。

最后，对中国来说，这场危机为我们敲响了居安思危的警钟。在房地产市场整体上升的时期，住房抵押贷款对商业银行而言是优质资产，贷款收益率相对较高、违约率较低、一旦出现违约还可以通过拍卖抵押房地产获得补偿。然而一旦房地产市场价格普遍下降和抵押贷款利率上升的局面同时出现，购房者还款违约率将会大幅上升，拍卖后的房地产价值可能低于抵押贷款的本息总额甚至本金，这将导致商业银行的坏账比率显著上升，对商业银行的盈利性和资本充足率造成冲击。

2.3 欧债危机

2.3.1 欧债危机的概念

欧债危机，全称欧洲主权债务危机，是指自2009年以来在欧洲部分国家爆发的主权债务危机。欧债危机是美国次贷危机的延续和深化，其本质是政府的债务负担超过了自身的承受范围，而引起的违约风险。

欧债危机始于希腊的债务危机，2009年12月8日全球三大评级公司下调希腊主权评级。2010年起欧洲其他国家也开始陷入危机，整个欧盟都受到债务危机的困扰，甚至德国等欧元区的龙头国家都开始感受到危机的影响。欧元大幅下跌，欧洲股市暴挫，整个欧元区面临着成立以来最严峻的考验，甚至可能导致欧元的崩溃与欧元区的解体。

2.3.2 欧债危机的触发因素

次贷危机后，全球经济衰退，企业纷纷去杠杆，政府却不得不继续增加杠杆以对冲经济的下滑并用于维持与扩大社会福利开支，部分欧元区国家［如俗称的“GIIPS”：希腊（Greece）、意大利（Italy）、爱尔兰（Ireland）、葡萄牙（Portugal）和西班牙（Spain）］自身经济发展放缓、财政收入下降，但在欧元区（特别是德国）大伞的保护下，由于信息不对称（包装、产品创新），仍然进行大规模融资，最终导致出现欧债危机。我们认为，欧债危机的发生源于以下四个方面的因素。

（1）分散财政政策与统一货币政策的制度性缺陷：本轮欧债危机充分暴露出欧元区体系深层次的制度性缺陷，即在欧元区内部货币政策由欧洲中央银行统一行使，而财政政策却由主权国家分而治之，这种分散的财政政策和统一的货币政策之间的失衡导致成员国失去了熨平危机的宏观经济调控手段——货币政策。财政政策与货币政策是一个主权国家调节经济运行的两个最基本、最核心的工具，只有二者配合才会有效地对经济运行实施调节。由于欧元区实施统一的货币政策，各国缺少了利率和汇率两大工具的支持，为了走出由美国次贷危机带来的经济衰退，成员国只能借助扩张性财政政策来刺激经济复苏，结果造成希腊、爱尔兰、西班牙等国家物价和工资迅速上涨，财政赤字不断扩大，各国早已突破了《稳定与发展公约》规定的财政赤字不得超过本国 GDP 的 3%、主权债务总额不得超过本国 GDP 60% 的上限，已经完全脱离了经济发展水平与国家还款能力，以致投资者对政府债券的信任度降到了冰点，进而引发主权债务危机。

（2）经济发展区域不平衡：欧元区的各个国家经济差距较大，区域之间发展极不平衡。其中，德国、法国等国家经济较为发达，而希腊、爱尔兰等外围国家经济较为落后，德国的 GDP 占欧元区 GDP 总规模的 20%，德意法三国占比更是高达 50%。在成立欧元区之后，德意法等核心国家利用制度的原有优势、技术和资金优势，乃至所谓“地区意识和价值优势”，享受着地区整合和单一货币区域的好处；而在欧元区核心圈的外围，希腊、爱尔兰等国形成了比较劣势带。在单一货币区域内，统一的货币政策更加倾向于德意法等国家的经济目标，从而导致区域发展不均衡现象越发严重。

（3）产业结构不合理：希腊、爱尔兰等国资源配置的不合理以及配置效率的低下导致经济较为脆弱，受金融危机影响较大。希腊等国进入工业化的时间较短，且受自然资源的限制，因此整体结构不尽合理，对工业制品进口依赖度较大，其出口产品以农产品、资源性初级加工产品以及金属制品为主，缺少附加值较高的技术密集型产品。随着亚洲新兴国家的崛起，其低附加值的出口产品受影响较大，欧元的升值也打击了其出口，导致贸易赤字逐年扩大。希腊的劳动力、能源等生产要素市场竞争不充分，资源配置效率不高，处于垄断地位的希腊公共企业改革阻力较大，公用事业市场开放相对滞后。希腊政府为了拉拢选民，赢得大选，还不得不大力扩展公共部门，进一步降低了资源配置效率。

（4）经济发展过度依赖信贷，且房地产泡沫严重：希腊 90% 的家庭财富是以房地产形式存在的，私人住宅投资占希腊投资的 20% 左右。在经济发展过程中，西班牙同样也出现了房地产泡沫。国际金融危机前的 2007 年，西班牙的房地产产值占到当年 GDP 的 17%、税收的 20%，建筑业从业人员占全国就业人数的 12. 3%。爱尔兰采取较低的税率吸引了大量的外商直接投资（FDI），加上每年的贸易顺差，导致流动性泛滥，房地产价格连续 10 年上涨，泡沫严重。截至 2009 年，爱尔兰吸引外国直接投资金额的存量达 2100 亿欧元。另外爱尔兰每年都存在大量的贸易顺差，2009 年的贸易顺差是 387 亿欧元，这两项合计就是 2487 亿欧元。从 2000 年开始，爱尔兰房价指数一路飙升，到了 2007 年，该指数从 70 上升到 140。

房价上涨对居民形成正财富效应，提高了消费者信心，居民消费增加又带动了经济增长。但在国际金融危机的冲击下，房地产泡沫破裂，导致失业率高企，银行业坏账率激增。在此环境下，债务危机的爆发难以避免。

2. 3. 3 欧债危机的主要过程

与次贷危机相似，欧债危机也大致经历了危机爆发、危机升级、债务重组三个阶段。

第一阶段，危机爆发。全球三大评级公司下调希腊主权评级，希腊出现债务危机，危机进一步扩散到冰岛、爱尔兰等欧洲小国，但金融界普遍认为这些国家经济体量小，不至于引发欧元区的整体债务危机。

第二阶段，危机升级。欧洲其他国家也开始陷入危机，包括比利时这样外界认为较稳健的国家，以及欧元区内经济实力较强的西班牙，都预报未来三年预算赤字居高不下。希腊已非危机主角，整个欧元区国家都受到债务危机困扰，甚至包括德国等欧元区的龙头。因为欧元大幅下跌，加上欧洲股市暴挫，整个欧元区面临着自成立以来最严峻的考验，甚至有部分市场人士推测欧元区最终将以解体收场。同时，金融风险从主权国家向商业银行蔓延，由于欧盟各国商业银行交叉持有大量的外围国家国债，这些国债的信用等级下调给欧洲部分银行造成了显著的账面损失。

第三阶段，债务重组，危机缓解。在极大的债务危机压力下，希腊等国通过财政紧缩方案，进行债务重组。欧盟成员国则达成总额高达 7500 亿欧元的欧洲金融稳定工具（EFSF），避免危机蔓延。银行被允许利用所持主权债券交换由欧洲投资银行创建的特殊目的载体发行的债券，而这个特殊目的载体将由“欧洲金融稳定机制”提供资金。从某种程度上来说，这项计划类似于美国政府推出的“不良资产救助计划”（TARP）的最初版本。

2.3.4　欧债危机的影响

首先，欧债危机的直接影响包括：金融市场动荡；危机国国债的信用等级下调与收益率上升造成了持有这些债券的金融机构遭受巨大的账面损失，甚至破产倒闭；欧债危机对危机国的融资行为造成显著冲击，收益率上升直接增加了危机国的融资成本，甚至造成危机国在国际资本市场上再融资难的情况。

其次，为获得欧盟与 IMF 的贷款援助，欧元区外围国家承诺的财政紧缩措施进一步恶化了短期经济增长前景，并导致了一定的政治动荡风险。陷入危机的“GIIPS”国家在 2011 年无一例外地经历了政府更迭，甚至连意大利的政坛“常青树”——总理贝卢斯科尼也被迫辞职。

最后，欧债危机对全球经济复苏也产生了负面影响。由于欧元区是世界主要经济体，其经济衰退通过国际贸易、减少对外直接投资等途径对世界其他国家经济增长产生了负溢出效益。例如，欧元区是中国最大的出口市场，对欧元区的出口占到中国总出口的17%、中国GDP的5%，欧债危机造成欧元区进口需求萎缩，从而影响了中国对欧洲的出口增长。

2.4 本轮债务危机对我们的启示

到目前为止，次贷危机和欧债危机的影响仍然没有结束：美国经济复苏不断反复，在美联储退出量化宽松货币政策、首次加息后，美联储主席耶伦甚至表示“如果有必要，美国也不排除负利率的选项”；欧元区经济仍然处于衰退与复苏的边缘，而以德意志银行为代表的部分金融机构再度出现危机，瑞典中央银行甚至进一步下调基准利率至-0.5%，以避免经济的进一步衰退；部分存在财政赤字和贸易逆差的新兴市场国家由于美联储的加息而出现了货币大幅贬值，甚至有重蹈1998年东南亚金融危机覆辙的可能性。

这段历史给我们留下了深刻的教训以及很多可以吸取的经验。首先，经济的增长还是需要依靠技术进步、人力要素、资本要素的共同作用，而不是单一通过货币的投放以及所谓的金融工具与货币政策进步。进入21世纪后，全球主要经济体都进入了一个依靠资本要素推动经济虚假繁荣的阶段，通过马歇尔K值（M_2/GDP），我们可以明显看到这一特征。

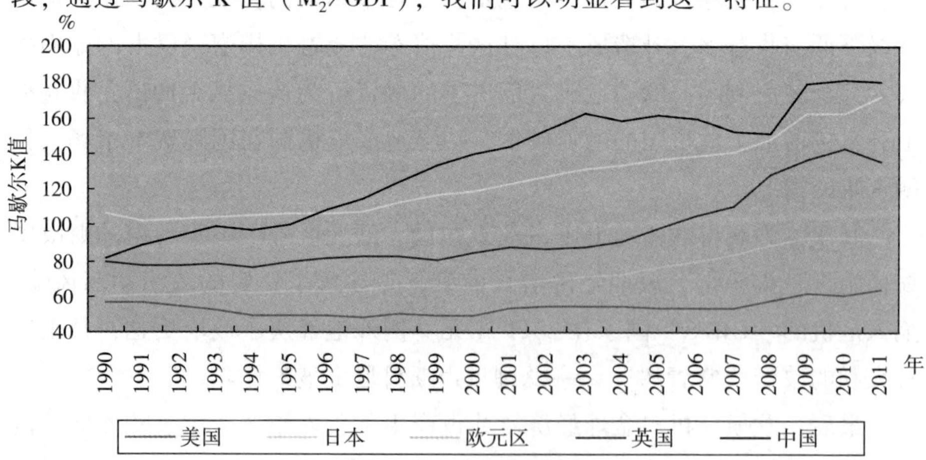

图2-1　各国马歇尔K值的走势

从图 2－1 我们可以看出：（1）2000 年以前，各国的马歇尔 K 值都较小，美国、欧元区、英国均小于 1，表明此时的经济增长更多的是靠生产效率的提高，的确 20 世纪 90 年代也是信息技术促进经济增长的时期。但 2000 年以后，马歇尔 K 值开始超过 1，这表明其后经济的增长更多的是靠资本要素，也就是杠杆率的提升来推动。如果把国家比喻成企业的话，此时经济增长更多地靠提高国家的资产负债率来实现。（2）我们认为造成过去 10 年流动性过剩的关键因素是货币政策的失衡。对比过去两个 10 年的 M_2 和 GDP 可以发现，五大经济体几乎都出现 M_2 平均增速上升、GDP 平均增速下降的现象。究其原因，我们认为受互联网革命的推动，整个 20 世纪 90 年代发达国家经济增长带有明显的技术推动的特征，所以经济能维持长时间的高速增长。互联网泡沫破灭后，主要发达国家采取以宽松货币政策刺激经济增长的策略，但由于缺乏新的经济增长催化因素，GDP 增速并没有显著回升，最终陷入了不断扩张货币刺激经济的循环中，过剩流动性不断积累。

所以，总结来看，本轮债务危机表面上是由金融监管制度的缺失、华尔街的金融机构过度开发住房抵押贷款证券化等金融衍生产品造成的，但其实，深入来看，这场危机爆发的根本原因在于以美元为中心的货币体系的痼疾和美国加速推行的新自由主义经济政策。下一章，我们将详细探讨过度发展的住房抵押贷款证券化金融衍生产品，以及现代货币体系的特点和痼疾。

2.5　本章小结

本章通过对债务危机（特别是本轮次贷危机和欧债危机）的形成原因、发展过程、产生影响等问题进行分析，得到以下结论：

（1）债务危机是全球经济（金融）危机的最主要表现形式，占比高达一半以上。其本质是借债主体对未来信用的过度透支，直至出现不能支付本金或利息的“明斯基时刻”。

（2）美国次贷危机爆发的表面原因是当时美国住房抵押贷款利率的快

速上升，导致房屋贷款人还款压力迅速增大，进而违约。但是，其深层次的原因应该是美国自 20 世纪 80 年代以来，一直放宽对金融业的限制，推进金融自由化和所谓的金融创新。在这一背景下，美国华尔街的投机气氛日益浓厚，资产证券化和金融衍生产品创新速度不断加快，而当金融风险出现时，这些创新产品明显放大了“金融地震”的“震级”。

（3）欧债危机的爆发，一方面是由于部分欧元区国家在次贷危机后，自身经济发展放缓、财政收入下降，但在欧元区大伞的保护下，利用信息不对称，仍然进行大规模融资，最终出现偿付危机；另一方面是由于这些欧元区国家的经济发展、社会福利支出过度依赖于债务，而当债务融资不能持续时，便引发连锁反应并爆发系统性危机。

（4）这段历史给我们留下了深刻的教训以及很多可以吸取的经验：过去几十年铸就经济增长奇迹的“魔法”渐渐失效：婴儿潮渐渐退去（人口要素）、新技术的幻想一次次破灭（技术要素）、全球化已成强弩之末（TFP 效率要素）。过度的金融创新并没有带来 GDP 增速的显著回升，反而最终引发了全面的债务危机。

第 3 章　本轮债务危机的诱因与根源

本章首先探讨次贷危机爆发的直接诱因，即以住房抵押贷款证券化产品为代表的金融产品过度创新，然后讨论为什么当前国际货币体系存在的问题是本轮债务危机产生的根源。第 3. 1 节对住房抵押贷款证券化产品进行讨论；第 3. 2 节深入分析当前的国际货币体系；第 3. 3 节是本章小结。

3. 1　次贷危机的诱因：住房抵押贷款证券化产品

3. 1. 1　住房抵押贷款证券化产品

抵押贷款证券化产品自 20 世纪 70 年代末开始在美国推出以后，其在全球资本市场得到蓬勃发展，成为近 30 多年来世界金融领域中发展规模和发展速度最快的金融衍生工具，但它却引发了 2007 年的次贷危机，使其广受人们诟病。

抵押贷款证券化产品是一种结构化金融产品。它把缺乏流动性的抵押贷款集合成一个抵押贷款池（Mortgage Pool），通过对其中的风险与收益要素进行分离与重组，并通过内部信用增级（Credit Enhancement）将其转换为可以在金融市场上出售和流通的证券。适合于证券化交易的标的资产需满足以下几个方面的要求：（1）基础资产能够在未来产生可预测的现金流。（2）基础资产具有同质性，这样才能汇集成一个资产池。（3）基础资产未来的现金流应与发起人其他资产互相独立，以便能够剥离出来，成立 SPV（Special Purpose Vehicle）。（4）现金流的损失风险要有充足的统计数据，以确定 MBS 的发行价格。

抵押贷款证券化产品根据对现金流的处理方式和证券偿付结构的不

同，可以划分为过手型（Pass-through）产品和 CMOs[①] 结构化产品。过手型产品不对基础资产产生的现金流进行任何处理，而是将其简单地“过手”给投资者，由投资者自行承担基础资产风险。因此，它只是将原始权益人的风险转移并细化到每个投资者身上，这种风险同质性妨碍了不同风险偏好投资者的投资。而 CMOs 结构化产品则采用分档技术（Tranching），根据投资者对期限、风险和收益的不同偏好，将债券设计成不同档级，各档债券的偿付优先顺序不同。顺序越靠前的档级，风险越小，收益也就越小；反之则相反。

本节将结合前人的研究成果，对住房抵押贷款证券化产品中较复杂的一类——CMOs 产品进行综合的定价分析，将影响 CMOs 定价的三个主要因素（利率、违约率、提前偿付率）都予以考虑，这是本书的创新点之一。

典型的 CMOs 结构通常分为优先级和次级两部分，优先级由受托机构通过银行间债券市场发行给投资机构，次级则由受托机构对发起机构定向发行。其中，优先级又根据还款顺序和利率条款不同而分为 A、B、C 三级；次级部分，实际上为发行者的剩余索取权。如图 3－1 是一个典型的 CMOs 结构（也是在我国证券市场上曾发行过的一只抵押贷款证券化产品），图中标有各级的发行量和利率条款。整个产品包括 3 只优先级证券和 1 只次级证券，其中优先级 A 级 35.82 亿元，利率为（资产池加权平均利率－1%），利率上限为 5.7%；优先级 B 级 3.56 亿元，利率为（资产池加权平均利率－0.5%），利率上限为 6.2%；优先级 C 级 0.82 亿元，利率为（资产池加权平均利率＋4%），利率上限为 10.7%；次级证券共 1.4 亿元，为剩余索取权（类似于股权）。本书将以此为输入因子进行 CMOs 定价研究。

---

① CMOs（Collateralized Mortgage Obligations）是 MBS、ABS 中常见的一种结构，其设计结构类似于 Cash CDOs。

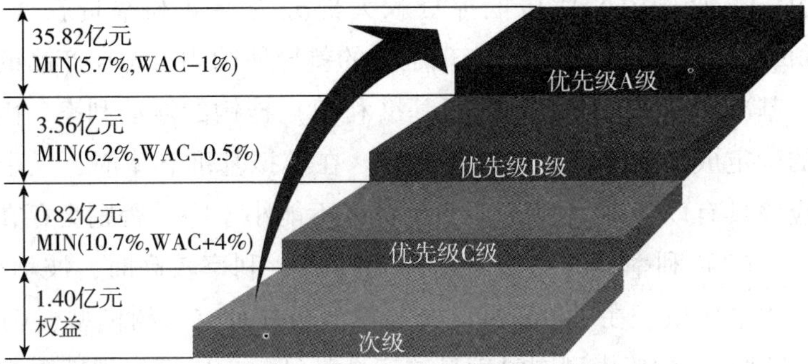

图 3－1　一个典型的 CMOs 结构

3.1.2　住房抵押贷款证券化产品定价影响因素研究

影响 CMOs 产品价格的风险因素主要包括：（1）利率因素——CMOs 产品的期限较长，一般为 10～30 年，在长达 10 年乃至 30 年的过程中，基准利率的变化会导致 CMOs 产品的价格发生变化；如果我们把 CMOs 产品理解成为一组固定收益类产品，则更容易理解利率是影响其价格的一大因素。（2）违约率因素——违约率风险是指由于实际收入低于预期收入，或某些不可抗因素使借款者无力偿还借款，从而使 CMOs 产品的现金流支付出现问题，比如次贷危机正是由于这类风险而引发价格下跌。（3）提前偿付率因素——提前偿付率风险是指借款者在合约到期之前偿付完其所有的贷款，使 CMOs 产品的加权平均期限缩短，现金流提前收回；提前偿付还使 CMOs 产品的现金流具有不确定性，对 CMOs 产品价值产生影响。

在本书中，前两者将使用随机模型进行模拟，其中，利率因素使用具有均值回复（Mean-reverting）特征的 CIR（Cox-Ingersoll-Ross）模型度量；违约率因素使用简化法模型（Reduced-form Model）度量，并按 SDA（Structural Decomposition Analysis）模型进行切割；提前偿付率因素使用 PSA（Public Securities Association）函数模型进行度量。因此，本模型理论上属于三因素模型。

（1）随机利率模型

目前国外的住房抵押贷款大部分为固定利率贷款（Fixed Rate Mortgage，FRM)，而国内的住房抵押贷款大部分为浮动利率贷款（Adjusted Rate Mortgage，ARM)。标的资产现金流的差异使国内 CMOs 产品的利率多为与某一基准利率（中国人民银行基准利率）挂钩的浮动利率，因此，基准利率的确定成为定价的关键问题之一。在模拟基准利率时，一个好的利率模型应该具有以下三个特征：(1) 利率不能小于零，否则会存在无风险套利机会。(2) 利率具有均值回复特征。(3) 利率较高时，波动率较大，即利率的水平效应。在可供选择的一些模型中（如二叉树模型、Vasicek 模型、CIR 模型)，CIR 模型同时满足这三个特征。CIR 模型把期限结构视为一种随机过程，它是利率的一种总体均衡模型。该模型认为利率围绕一个平均值波动，如果利率偏离了平均值，它总是要回到平均值的，这一点很好地刻画了现实经济中利率的周期性特征，非常符合现实的情况，因此本节将采用 CIR 模型进行利率路径的模拟。具体模型如下：

$$dr = k(\theta - r)dt + \sigma\sqrt{r}dB_t \tag{3-1}$$

式中，r 为随机利率，θ 为随机利率的长期均值，k 表示均值回复的速率（k 越大，其均值回复的时间越短)，σ 为随机利率的波动率。解之可得

$$r_t = r_{t-1} \times \exp\left[\frac{k(\theta - r_{t-1}) - \sigma^2/2}{2r_{t-1}} + \sigma\sqrt{\frac{r_{t-1}}{2}}B_t\right] \tag{3-2}$$

该模型认为：利率围绕利率均值波动。如果利率偏离了平均值，它总是倾向于回归均值，回归速度由 k 参数的大小决定。本书以较长时期（1990—2008 年）的中国人民银行基准利率进行参数校准，以保证模型参数的稳定性。校准的结果为：(1) 利率的长期均值为 5.34%；(2) 利率的波动率为 0.036；(3) 利率的均值回复速率为 0.47。

(2) 随机违约率模型

对于违约率的度量，本书使用简化法模型（Reduced-form Model)。假设整个 CMOs 存续期的违约率服从几何布朗运动，即任一时刻其违约分布为对数正态分布。这较正态分布来说，避免了出现违约率为负的情况①。具体模型如式（3-3)：

① 若假设服从正态分布，将可能出现违约率为负的情况，这是不符合实际情况的。

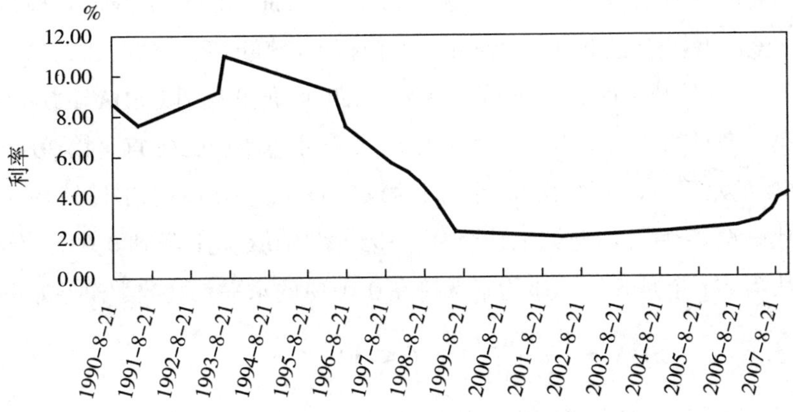

图 3－2　1990—2008 年中国人民银行基准利率

$$dD = \mu D\mathrm{d}t + \sigma D\mathrm{d}B_t \tag{3-3}$$

将模型离散化，可得

$$\ln D_t \sim N(\ln D_{t-1} + (\mu - \sigma^2/2), \sigma^2) \tag{3-4}$$

从图 3－3 可以看到一个对数正态分布的违约率模型，违约率均值为 2.78%，违约率超过 20% 的概率接近于零。

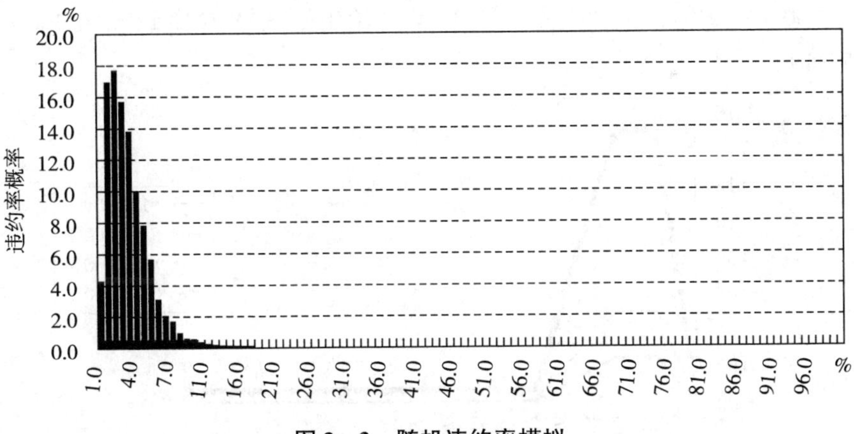

图 3－3　随机违约率模拟

在确定了整个存续期的违约率之后，我们还需要对每个还款期的违约率进行分配。由于 CMOs 产品的存续期较长，一般为 10～30 年，其违约率在标的贷款不同的周期中会发生变化，因此，在整个存续期平均分配违约率是不妥的。本书将采用 SDA（Structural Decomposition Analysis）模型进行分配。该模型在给定违约率的情况下，模拟一个随时间变动的违约情况，其过程分为“上升—保持—下降—保持”四个阶段[①]。以 SDA 100% 为例：(1) 第一个月的违约率为 0.02%，以后每个月增加 0.02% 直至第 30 个月达到 0.6% 的水平。(2) 从第 30 个月到第 60 个月，违约率水平保持在 0.6%。(3) 从第 61 个月开始至第 120 个月，违约率从 0.6% 下降到 0.03% 的水平。(4) 从第 121 个月开始，违约率保持在 0.03% 的水平。其数学模型如下：

$$
\begin{aligned}
&\mathrm{SDA} = \frac{0.6\% \times T}{30}, \ T \leqslant 30 \\
&\mathrm{SDA} = 0.6\%, \ 30 < T \leqslant 60 \\
&\mathrm{SDA} = -\frac{0.285 \times T}{30} + 1.17, \ 60 < T \leqslant 120 \\
&\mathrm{SDA} = 0.03\%, \ 120 < T \leqslant 360
\end{aligned}
\tag{3-5}
$$

这种模拟符合市场的实际违约情况：违约率是“两头低，中间高”。买房初期很少违约，还款后期也很少违约。其根据基准违约率的变化，不同的 SDA X% 表示不同的违约率高低。例如，SDA 200% 提前还款速度为 SDA 100% 的 2 倍，依此类推。图 3－4 中给出了 SDA 50% 到 SDA 300% 的不同情形。

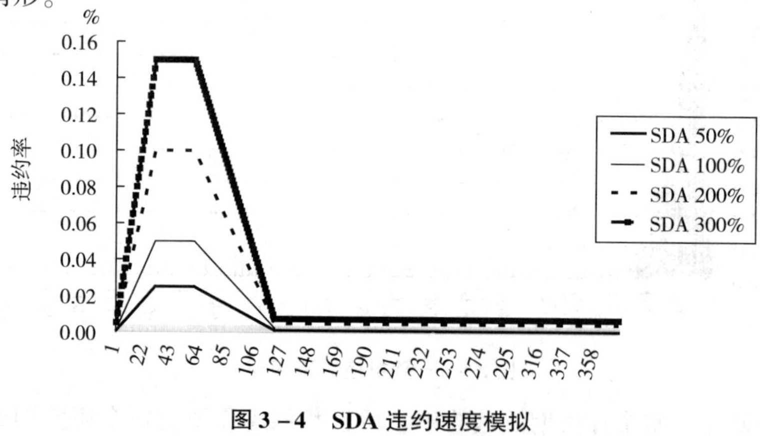

图 3－4　SDA 违约速度模拟

① 模拟过程分为“上升—保持—下降—保持”四个阶段是根据贷款人的违约特征：买房初期一般不会违约，慢慢地违约率会上升并达到一个高度，然后到还款后期，违约率又会出现下降。

（3）提前偿付率模型

CMOs 产品在很大程度上会受到标的（住房抵押贷款）提前偿付率的影响，因此需建立适当的提前偿付模型。

目前，使用较多的模型包括 CPR（Conditional Prepayment Rate）模型和 PSA 模型。前者简单地假定每年的还款速度为一个恒定比例，如建设银行已发行的住房抵押贷款证券化产品中，即假设提前偿付率为恒定比例；而 PSA 模型根据投资者的实际偿付情况进行模拟，认为刚开始的时候，由于贷款者收入较低，其提前偿付速度也较低。随着收入的增加，其提前偿付速度也增加，直至一个稳定的速度（即浮动的 CPR）。根据刘乔志等（2008）对中国人群偿付特性的研究，认为 PSA 模型更符合中国人的消费习惯和偿付的心理特征，因此在本书中我们使用 PSA 模型：

$$CPR = \frac{6\% \times T}{30},\ T \leq 30;\ CPR = 6\%,\ T > 30 \qquad (3-6)$$

$$SMM = 1 - (1 - CPR)^{1/12}$$

其中 SMM（Single Monthly Mortality）为单月提前偿付率。以 PSA 100 为例，对一笔 30 年的抵押贷款，其第 1 个月的提前偿付率是 0.2%；第 2 个月至第 30 个月，每月提前偿付额以 0.2% 的比率递增，直到第 30 个月，达到 6%；此后，年提前偿付率 CPR 一直保持在 6% 水平。PSA 200 提前偿付速度为 PSA 100 的 2 倍，依此类推。图 3－5 中给出了 PSA 100 到 PSA 300 的不同情形。

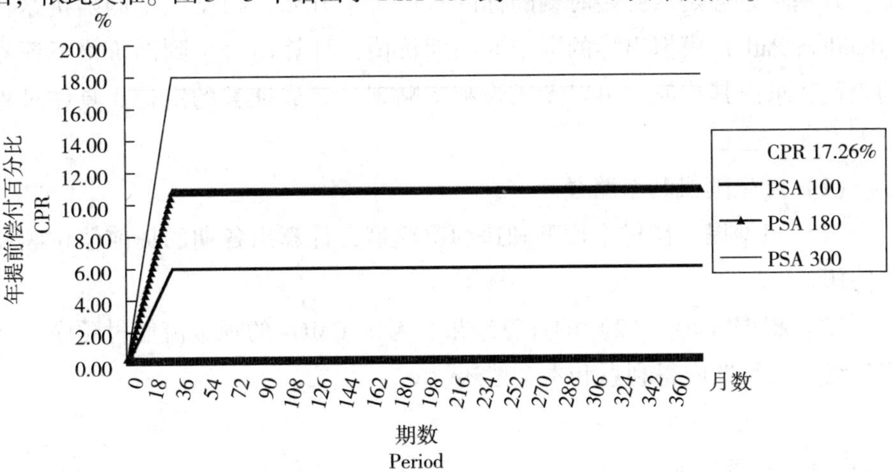

图 3－5　PSA 提前偿付率模拟

3.1.3 基于 Monte-Carlo 模拟的住房抵押贷款证券化产品定价模型

在考虑了利率模型、违约率模型和提前偿付率模型之后，本书将对 CMOs 进行定价。在实务中，优先级和次级的定价不完全相同，由于一般来说优先级具有更强的债性，而次级属于剩余索取权，具有更强的股性。因此，对于优先级产品，我们通常需要估计其平均回收期 WAL①，然后将其票面利率与市场上同期限结构的收益率水平比较，以确定是否有投资价值；对于次级产品，我们只需计算出其剩余索取权的价值。

MBS 定价的方法主要包括以下几种：静态利差法、期权调整利差法（OAS）和 Monte-Carlo 模拟。静态利差法是对 MBS 价值进行评估的最基本工具，它主要是提供一个简单而实用的评比标准，只需要对提前偿付率进行假设。静态利差法无法反映利率期限结构，无法考虑不同利率路径之下现金流量的波动性。因此，利用该方法定价 MBS 的误差比较大。期权调整利差法（OAS）虽然综合考虑了利率的波动和提前偿还权利（看作一个期权），但此期权的执行受利率路径影响，即在不同的利率路径下，期权的执行情形会有不同，因此，其无法解决现金流的路径依赖（Path Dependent）问题。Monte-Carlo 模拟在处理复杂的路径依赖问题上的优势使很多奇异衍生产品（Exotic Derivatives）的定价成为可能，其优点较前两者非常明显。其基本思想是从初始时刻的标的资产价格开始，根据假定的随机路径（Random Path）模拟出标的资产的到期价值，计算出每个到期价格下证券的收益，求出其均值，再以无风险利率贴现，完成证券的定价。具体过程如下：

（1）产生随机利率路径。

（2）根据提前偿付率模型和违约率模型，计算出各期的提前偿付额和违约额。

（3）根据（1）、（2）的计算结果，考虑 CMOs 的现金流偿付顺序，计算各级产品每期应得利息和本金偿还。

① 类似于久期（Duration）。

（4）根据（3），计算优先级（A级、B级、C级）的平均回收期和次级收益。

（5）重复（1）至（4）步骤，得出足够多路径（如10000条路径）对应的证券价格。

（6）计算所有路径对应证券价格的算术平均值，并对其进行贴现。

在进行Monte-Carlo模拟时，其计算精度是需要考虑的问题，提高精度的方法有：（1）增加Monte-Carlo模拟的路径数（缺点是会增加计算时间成本）；（2）对偶变量技术（Antithetic Variable Technique）。其中，前者要消耗大量的计算时间。在本书中，我们采用对偶变量技术。在对偶变量技术中，一次模拟运算包括计算衍生产品的两个值，第一个值 F_1 用通常的方法得到；第二个值 F_2 是通过改变所有标准正态分布样本的符号计算出的。假设通过模拟得到函数 $F = f(x)$ ，模拟的路径数为 $2n$ 。则有

$$\hat{F} = \frac{1}{2n}\sum_{i=1}^{2n} f(x_i) \tag{3-7}$$

同时，我们也可以用 n 个变量及其对应的对偶变量 $-n$ 来得到

$$\tilde{F} = \frac{1}{n}\sum_{j=1}^{n} \frac{f(x_j) + f'(x_j)}{2} \tag{3-8}$$

前者的方差为

$$Var[\hat{F}] = \frac{Var(F)}{2n} \tag{3-9}$$

后者的方差为

$$Var[\tilde{F}] = \frac{Var(\frac{F + F'}{2})}{n} = \frac{Var(F + F')}{4n} \tag{3-10}$$

因为 $Cov(F,F') < 0$ ，所以

$$\begin{aligned} Var(F + F') &= Var(F) + Var(F') + 2Cov(F,F') \\ &= 2Var(F) + 2Cov(F,F') \\ &< 2Var(F) \end{aligned} \tag{3-11}$$

也就是说 $Var[\tilde{F}] < Var[\hat{F}]$ 。可以看到，采取了对偶变量技术后能有效提高Monte-Carlo模拟的精度。

在具体建模时，我们把整个现金流划分为现金流入和现金流出两部分，现金流出可细化为4个不同的优先顺序：A级、B级、C级和次级。首先保证A级担保抵押贷款证券在相对短的时间内获得本息收入，同时，只向B级、C级投资者支付利息；B级投资者只有在A级投资者全部收回本金以后，才能从以后的现金流中获得本金补偿；C级投资者则在B级投资者之后得到本金，依此类推。在确定了CMOs的基本结构之后，我们以表3-1的情况作为案例进行实际建模、计算。

表3-1　　抵押贷款证券化产品总额基本参数

基本参数	
抵押贷款证券化产品总额	4160683708元
A级资产支持证券	3582348600元
B级资产支持证券	356154500元
C级资产支持证券	82381500元
次级资产支持证券	139779108元
资产池加权平均利率	5.95%
还款期数	375（月）

具体的计算过程包括确定每期的现金流入，每期的提前偿付、违约以及标的利率的变化，每期的A部分、B部分、C部分的利率偿付以及相应的本金偿付，最后的次级损益。定价中需要计算的主要包括优先级（A级、B级、C级）的平均回收期和次级部分收益。其中平均回收期限（Weighted-Average Life，WAL①）可由式（3-12）计算得出。

$$WAL = \frac{1}{12}\sum[(t+a-1)\times p_t],\ t=1,2,\cdots,M \qquad (3-12)$$

式中，a是待偿期，p_t是在给定的提前还款假设下，t月本金偿还的比例，$p_1+p_2+\cdots+p_M=1$。

在本例的参数设置下（见表3-1），经模拟计算，A级的平均回收期为2.992年，B级的平均回收期为7.768年，C级的平均回收期为9.707

① 注意，这里WAL是一个单位为年的指标。

年；发行者的次级收益为约 12723 万元。

3.1.4　对金融衍生品过度发展及定价的思考

对于未来结构化衍生产品定价思路的发展，我们认为：基于无套利均衡的理论为结构化衍生产品的定价提供了重要的思路，可以说无套利均衡定价理论的出现是结构化衍生产品快速发展的理论基础。结构化衍生产品的出现和发展本应是为了分散、转移、控制金融风险，但最后却成为一场金融危机的导火索，值得世人深思。随着结构化衍生产品的不断开发，越来越多的数学工具被加以应用，包括概率统计、偏微分方程、鞅论、随机过程等；越来越多的计算机算法被加以借鉴，如 Monte-Carlo 模拟、牛顿迭代、算法交易等。这一切似乎让金融工程师们一开始就不假思索地假设随机游走（Random Walk）和无套利均衡，基于这一前提假设开始辛勤地添砖加瓦，修建出各种“美轮美奂”的金融衍生产品。

但客观地讲，股票的几何布朗运动、利率和波动率的均值回复运动并不能完整地刻画资产价格的走势，特别是对极端情况的刻画。所谓的无套利均衡，是指如果几个市场之间存在无风险的套利机会，套利力量将会推动几个市场重建均衡，但它仅仅是一个局部均衡，三个市场之间的无套利均衡并不意味着其定出来的价值是真实的、稳定的，可能三个市场均是 300% 的泡沫，它仍然是无套利均衡的，但不是一般均衡的，这样的价格是会破裂的，最好的佐证便是这次次贷危机。未来的结构化衍生产品理论如何发展，是继续技术化的“工程”道路，不假思索的无套利定价，还是向一般均衡靠近，兼顾到其标的金融资产的内生价值，这是非常值得国内外学者深入探讨和研究的。

3.2　本轮债务危机的根源：当前国际货币体系的痼疾

自次贷危机起，先是美国、后是欧洲，均出现了不同类型的危机，而以金砖国家为代表的新兴经济体也出现了经济的大幅波动，我们开始意识到本轮经济危机有别于过去所说的“资本主义的周期性危机”，而更多的是一种现行国际货币体系下的结构性危机，即经济发展的不平衡、金融资源的不平衡、全球贸易的不平衡。对于这些不平衡的产生，我们认为固然有货币政策或财政政策失误的因素，但其根源是现行国际货币体系的天然缺陷，这些不平衡都是现行的以美元为核心的货币体系矛盾的集中体现。

所谓国际货币体系，就是指各国政府为适应国际贸易与国际支付的需要，对货币在国际范围内发挥世界货币职能所确定的原则、采取的措施和建立的组织形式的总称。国际货币体系的具体内容包括：（1）世界及各国货币的汇率制度；（2）有关国际货币金融事务的协调机制的建立；（3）资金融通机制的建立；（4）主导货币或国际储备货币的确立；（5）国际货币发行国的国际收支及履约机制的建立。

3.2.1 本轮债务危机与国际货币体系

我们认为与布雷顿森林体系的时代相比，当今的世界是一个倒挂的世界，是一个不正常的时代。金融业不仅仅是经济的服务业，而是成了经济发展的主宰者。货币不仅仅是最初商品交易的媒介，而是成了商品定价的锚。经济体之间相互交换的主要渠道不再是商品交易，而是被更为庞大的资本流动所替代。货币市场如今的交易规模要远远大于商品市场，其每天的交易量超过3万亿美元，1个月的交易量就远远超出全世界1年的GDP。

现行的美元本位制既不是各国协商创造出来的，也没有明确的规则、机制和机构来维持美元作为世界货币的义务。我们认为它是布雷顿森林体系崩溃后由于美国的一国独大和历史惰性而遗留下来的。彼时，如果必须用一个国家的货币作为世界货币，那么美元确实是最符合条件的。美国拥有全球最大的经济规模、最为发达的资本市场、最为稳定的政治体制以及产权保护制度，这些都为美元的国际地位奠定了基础。但是，正如布雷顿森林体系的崩溃在40年前就证明了的，随着世界经济规模的不断扩大，即使是美元也无法单独承担世界货币的责任。

在当年的布雷顿森林体系里，黄金是天然的储蓄手段，美元的功能只是作为便利的支付手段。而在如今的国际货币体系里，美元多了一重取代黄金充当国际财富储存手段的功能。尽管后来创造了欧元，但远未对美元的地位产生动摇。我们认为，从本质上看，美国的赤字不仅源于无节制的消费，同时还来源于要为世界经济发展提供相应的货币支持。这就是我们一直在探讨的美元的“特里芬难题”：要为世界提供美元，美国就必须负债，多印钞票；美国钞票印多了，人们就会丧失对美元的信心。这就和各国中央银行使用美元作为财富储存手段的目的产生了冲突。

20 世纪 70 年代以来，由于商品和资本输出不能完全对冲，美国政府必须对国外投资者发行国债以保证美元的信用，这就是为什么如今的美国国债已经高达 19 万亿美元，超过了美国一年的 GDP。其路径如下：全球企业通过贸易得到美元，在本国须兑换成本国货币，这样美元被集中在本国中央银行，本国中央银行再通过购买美国国债贷给美国。美国政府将这笔美元反过来用到国内。于是美国每发行 1 美元，在世界上实际上创造出 2 美元的信用。1 美元变为国外政府持有的债务，1 美元返回美国消费。在这个循环里，不是消费导致债务，而是债务促进消费。拿银行业来做个比喻，就是“贷款生成存款，而不是存款生成贷款”。国际上有对美元的需要，美国政府就得印钱，而印钱就必须借债。美元成了世界的美元，但美元的发行权都掌握在美联储一个中央银行手里，因此很多印出来的美元并不能反映美国的经济实力，但它却代表了美国所承诺的信用，这本身就是一个无法解决的矛盾。

近 40 年来人们耳闻目睹的都是以美元为核心的国际货币体系（牙买加体系），但这并不等于说美元本位制就不可能是历史中一个昙花一现的错误。我们认为，美元本位制其实是一个无体系的体系。美元的发行量是以美国国内需要为依据的。在国际上，没有任何机构性的强制机制和规则来调节美元的发行量同世界需要之间的关系。因此，这必然产生危机，2007 年的次贷危机只能说是这种矛盾的一个引爆点，没有次贷危机也会有别的危机引爆整个全球货币体系。

次贷危机的爆发也使政府监管者、经济学者开始反思过去的体制问题。并开始意识到在这种情况下，要彻底治愈本轮国际经济、金融危机，就必须改变现行的国际货币体系。已经不断有专家、学者，甚至政治家提出要改革货币体制，各种新的设想都有被提及。

比如，周小川（2009）提出全球建立一种超主权储备货币，他指出20世纪40年代，凯恩斯就曾提出过采用30种有代表性的商品作为定值基础建立国际货币单位“Bancor”的设想，遗憾的是未能实施。而早在布雷顿森林体系的缺陷暴露之初，IMF就于1969年创设了特别提款权（SDR），以缓解主权货币作为储备货币的内在风险。遗憾的是由于分配机制和使用范围上的限制，特别提款权的作用至今没有能够得到充分发挥。

除此之外，也有学者提出以“黄金和碳排放量”作为本位币的“碳金”国际储备货币，其主要基于以下两点考虑：首先，黄金和碳排放量都有一个刚性的控制因素：黄金储量和大气可承载的碳气体容量，不是纯粹的可以无限制发行的纸币。有了发行上限，储备货币就有它的稀缺性。其次，以黄金和碳排放量为货币供给依据的新国际货币体系是以“可持续发展”为目标的、是以全球共同的生态利益为宗旨的、符合人类发展的自然规律，具有一定的先进性。

还有一种思路是建立“N+1”国际货币体系，即将信用货币体系和商品货币体系合二为一，综合吸收两种货币体系各自的优点。这N种货币是指各国的主权信用货币，“1”是指由黄金来充当货币体系的“名义锚”。有了黄金这个“名义锚”将使各国货币之间能够在较长时期内维持相对固定的平价关系，从而使相对稳定的国际汇率关系得以实现；同时能够增强对现行纸币体系发行货币的约束。

3.2.2 国际货币体系演进

我们按照历史的进程，将货币体系的演进分为：金本位制度、虚拟金本位制度、混乱阶段、布雷顿森林体系以及牙买加体系。

（1）金本位制度

历史上第一个国际货币制度，是19世纪到第一次世界大战前相继推行的金本位制度。其主要内容包括：1）黄金是国际货币体系的基础，可以自由输出输入国境，是国际储备资产和结算货币。2）金铸币可以自由流通和储藏，也可以按法定含金量自由铸造，各种金铸币或银行券可以自由地兑换成黄金。它的优势体现在：它是一种较为稳定的货币制度，表现为该体系下各国货币之间的比价、黄金以及其他代表黄金流通的铸币和银行券之间的比价以及各国物价水平相对稳定。因而对汇率稳定、国际贸易、国际资本流动和各国经济发展起到了积极作用。其劣势在于该货币制度过于依赖黄金，而现实中黄金产量的增长远远无法满足世界经济贸易增长对黄金的需求，简而言之，黄金不够用了。再加上各国经济实力的巨大差距造成黄金储备分布的极端不平衡。于是银行券的发行日益增多，黄金的兑换日益困难。第一次世界大战爆发后，各国便中止黄金输出，停止银行券和黄金的自由兑换，国际金本位制度宣告解体。

（2）虚拟金本位制度（又称金汇兑本位制）

虚拟金本位制度是 1922 年在意大利热那亚召开的国际货币金融会议上确定的。其基本内容包括：1）黄金依旧是国际货币体系的基础，各国纸币仍规定有含金量，代替黄金执行流通、清算和支付手段的职能。2）本国货币与黄金直接挂钩或通过另一种同黄金挂钩的货币与黄金间接挂钩，与黄金直接或间接保持固定的比价。3）间接挂钩的条件下，本国货币只能通过兑换外汇来获取黄金，而不能直接兑换黄金。4）黄金只有在最后关头才能充当支付手段，以维持汇率稳定。这种制度节约了黄金的使用，弥补了金本位制度中黄金量不足的劣势。但是世界贸易的发展中对黄金的需求和黄金产量的缺口仍然存在，尤其是在汇率频繁波动时用黄金干预外汇市场来维系固定比价显得力不从心。

（3）混乱阶段

从 20 世纪 30 年代到第二次世界大战前，国际贸易体系进入了长达十几年的混乱时期，其间形成了英国、美国、法国三大国为中心的三个货币集团（英镑集团、美元集团、法郎集团），三大集团以各自国家的货币作为储备货币和国际清偿力的主要来源，同时展开了世界范围内争夺国际货币金融主导权的斗争，这种局面一直持续到第二次世界大战结束。

（4）布雷顿森林体系

“国际货币基金协定”确立了美元与黄金挂钩、各国货币与美元挂钩，并建立固定比价关系的、以美元为中心的国际金汇兑本位制。“双挂钩”的具体内容是：1）确定了国际储备货币——美元，美元与黄金挂钩，35

美元等价于1盎司黄金，美国准许各国政府或中央银行随时按官价向美国兑换黄金，其他国家的货币不能兑换黄金；其他货币与美元挂钩：各国货币与美元保持固定比价，通过黄金平价决定固定汇率，各国货币汇率的波动幅度不得超过金平价的上下1%，否则各国政府必须进行干预。2）建立永久性国际货币金融机构——国际货币基金组织。3）规定了美元的发行和兑换方式。4）确定固定汇率制。这种货币制度解决了国际储备短缺的困难（黄金短缺），但以一个强大经济实体来稳固世界金融市场容易因为此经济实体的起伏与衰盛，导致世界金融市场的波动，而造成不稳定性。

（5）牙买加体系

牙买加体系从布雷顿森林体系20世纪70年代崩溃后沿用至今。布雷顿森林体系崩溃后，1976年IMF通过《牙买加协定》，确认了布雷顿森林体系崩溃后浮动汇率的合法性，继续维持全球多边自由支付原则。我们认为表面上美元的国际本位和国际储备货币地位遭到了削弱，但实际上其在国际货币体系中的领导地位和国际储备货币的职能得以强化，黄金已经彻底“非货币化”。同时，国际货币体系的五个基本内容所决定的布雷顿森林体系下的准则与规范却支离破碎。因此，现存国际货币体系被人们戏称为“无体系的体系”。特别是经济全球化引发金融市场全球化趋势在20世纪90年代进一步加强时，该体系所固有的矛盾日益凸显。其具体内容主要包括：1）黄金非货币化：黄金与各国货币彻底脱钩，不再是汇价的基础；2）国际储备多元化：美元、欧元、英镑、日元、黄金、特别提款权等；3）浮动汇率制合法化：单独浮动、联合浮动、盯住浮动制、管理浮动制。

其优点在于：1）浮动汇率制在灵敏反映各国经济动态的基础上是相对经济的调节；2）货币调解机制多样化：各种调节机制相互补充，避免了布雷顿森林体系下调节失灵的尴尬。但其缺点主要包括：1）国际储备多元化：国际货币格局不稳定，管理调节复杂性强、难度高；2）浮动汇率制加剧了国际金融市场和体系的动荡和混乱，套汇、套利等短线投机活动泛滥，先后引发多次金融危机，汇率变化难以预测也不利于国际贸易和投资；3）调解机制多样化不能从根本上改变国际收支失衡的矛盾。亚洲金融危机，国际货币基金组织的几次干预失败，还有2007年以来的本轮金融危机都是例证。

3.2.3　国际货币体系种类

根据我们对国际货币体系历史进程的研究发现，国际货币体系的核心问题应该是本位币，即哪种货币充当着支付货币和储备货币的职能。根据这一特点，我们可以将国际货币体系分成三类：纯商品本位货币体系、混合商品和信用本位货币体系、纯信用本位货币体系。历史上出现的纯商品本位货币体系包括金本位制度、银本位制度，混合商品和信用本位货币体系包括金汇兑本位制、布雷顿森林体系，而纯信用本位货币体系则是如今的牙买加体系。

（1）纯商品本位货币体系："金权天下"

在此，我们以金本位体制作为纯商品本位货币体系的代表来讨论这一体制，未考虑银本位制，因为银本位制对人类货币史的影响不如金本位制。金本位体系可谓"金权天下"，黄金是该种货币体系的核心。

进入 19 世纪，工业革命的推动使全球进入经济发展的快速时期。与此同时，人类先后在俄罗斯、南非、美国和澳大利亚发现了储量丰富的金矿，黄金产出得以迅速增加，到 19 世纪后期，这一阶段生产出来的黄金就远远超过了人类历史上黄金产量的总和，这为全球进入黄金本位的国际货币体系奠定了基础。

1816 年，最早实现工业化的英国开始实施金本位制，可以说金本位制是工业化的伴随产物。德国于 1871 年开始实行了金本位制；随后法国、意大利、瑞士、瑞典等欧洲多国都在 20 年之内实行了金本位制；而美国也在 1879 年实行了金本位制。相关数据统计显示，到 1914 年第一次世界大战开始时，全球已经有近 60 个国家实行了金本位制，这可谓是金本位制度一统天下的时代。金本位制下的国际货币体系本质上就是以黄金为本位币的货币体系，黄金既是国际间的支付手段，又是财富储备手段，是固定的充当一般等价物和价值尺度的货币。在金本位体制下，各国中央银行按照各国货币平价规定的金价自由地进行黄金买卖。彼时，伦敦的黄金交易市场承担着黄金交易的功能。此时的黄金在国际贸易中可以充当支付手段，在国内也可以作为货币自由流通。

但是物极必反，第一次世界大战的开始严重地冲击了金本位制，到1929年又爆发了全球性的经济危机。交战国各方为了应对战时对黄金的需求，均采取“只进不出”的态度，采取了黄金出口管制，禁止黄金的自由流通，伦敦的黄金市场也被关闭。这使金本位制度彻底崩溃，各国的黄金绝大多数被各国中央银行吸收，黄金的流动性变得越来越差。1931年英国率先宣布放弃金本位制，随后瑞士、美国等国也宣布放弃金本位制。金本位的时代结束，商品本位货币支付的不便利性使它被历史所淘汰。

（2）混合商品和信用本位货币体系：黄金美元平分天下

金本位制结束后，由于第二次世界大战很快又席卷全球，各国都出现了较为严重的通货膨胀。尽管有过多次尝试恢复金本位的努力，结果都以失败告终。后来，凯恩斯和美国时任财政部顾问怀特提出了以美英为核心的货币方案，并在1944年的布雷顿森林会议中，得到了44国政府的同意，建立了后来的“布雷顿森林体系”，同时还成立了国际复兴开发银行（即世界银行）和国际货币基金组织。所以，世界银行和国际货币基金组织实际上是“布雷顿森林体系”的遗物。

在这种混合商品和信用本位货币体系下，美元这种代表美国政府信用的纸币和黄金获得了同等的特殊地位。美元与黄金挂钩、其他货币与美元挂钩，美元承担起了以官方汇价汇兑黄金的义务。实际上美元处于中心地位，成为支付手段，黄金仅仅保留了财富储备手段的功能，实际上被“退居二线”了。此时的黄金被作为储备由官方严格地管理起来，保存在地下金库中，各国禁止居民自由买卖黄金，英国的伦敦交易所也被迫关闭。

此时，由于美元的价值有黄金作为保证，同时美国国债具有良好的流动性和回报率，各国愿意持有美元，并通过投资美国国债获取收益，而黄金由于不生息且有储存成本，逐渐被冷落。这就是所谓的“格雷欣法则”——劣币驱逐良币，美元最终驱赶了黄金，美元变成了“美金”。但我们在前面也提到了以美元作为全球货币有其根本的缺陷，即所谓的特里芬难题（Triffin，1963）——由于美元与黄金挂钩，而其他国家的货币与美元挂钩，美元虽然因此而取得了国际核心货币的地位，但是各国为了发展国际贸易，必须用美元作为结算与储备货币，这样就会导致流出美国的货币在海外不断沉淀，对美国来说就会发生长期贸易逆差；而美元作为国际货币核心的前提是必须保持美元币值稳定与坚挺，这又要求美国必须是一个长期贸易顺差国。这两个要求互相矛盾，因此是一个悖论。加之20世纪六七十年代，美国深陷越南战争以及和苏联在“两超争霸”的竞争中逐渐处于下风，这使美国国际收支进一步恶化，美元危机爆发。最终，美国再也没有维持黄金官方汇价的能力，宣布放弃按35美元一盎司向市场供应黄金，市场金价开始了自由浮动。至此，“布雷顿森林体系”崩溃。

总之，我们认为美元是由于“格雷欣法则”而兴，由于“特里芬难题”而衰。

(3) 纯信用本位货币体系：美元独大

意想不到的是，“布雷顿森林体系”的崩溃并未使美元走向没落，反而在后来的改革中人为地加强了其在新的国际货币体系中的地位，其不仅充当着世界贸易的支付手段，而且事实上成为全球财富储备的最重要手段，黄金不仅丢掉了支付功能，甚至连储备功能都被边缘化，如在现在多国的外汇储备中，黄金的占比远远低于美元。

布雷顿森林体系崩溃后，各国很快签署了《牙买加协议》，建立了新的牙买加国际货币体系，以取代布雷顿森林体系。牙买加体系建立了以美元为基础的浮动汇率体系，这加大了各国经济发展的波动；确立了国际储备资产的多元化原则，但实际上从如今的外汇储备来看，还是美元“一枝独大”，无论是欧元、英镑还是日元都未撼动美元的地位。牙买加体系是完全的信用货币体系，《国际货币基金协定》彻底删除了有关黄金的所有规定，宣布黄金不再作为货币价值标准，废除黄金官价，可在市场上自由买卖黄金，同时取消了国际货币基金组织必须用黄金支付的规定，并出售了其1/6的黄金；还设立了特别提款权代替黄金，用于会员国与国际货币基金组织之间的某些支付。黄金被彻底非货币化，部分黄金储备转入了民间。

3.2.4　当前国际货币体系的特点

国际货币体系是经济体系的重要组成部分，它从货币的角度反映了世界经济关系的情况。我们在前文中已述“货币体系的本质问题是本位制问题”，那么实际上我们认为国际货币体系有两个根本问题，一是本位币问题；二是外汇制度问题。两者明确了世界经济体之间的货币利益平衡机制。

关于本位制度，由于在当前货币体系下，本位币已经发展为信用货币，因此谁控制了本位币，谁就能在国际间获取巨大的发行利益，也就是我们通常所说的“铸币税”。毫无疑问，当前货币体系的本位币是美元，铸币税的收益被美国人所享有。尽管欧元在2000年后被推出，但毫无疑问，目前，它还不能对美元形成真正的冲击。关于外汇制度，它是国际贸易以及国际金融平衡的制度安排，它的优劣直接影响着世界经济的进步和贸易的发展，是平衡国际经济的重要手段。

在目前的国际货币体系下，由于世界各国实施了自由化的经济政策和浮动汇率，直接加速了资本的跨境流动并推动了金融全球化的进程。金融资本在高速的流动中迅速增值与膨胀，并部分表现出与现实的脱离。而美国则凭借美元在货币金字塔中的顶端位置，成为“唯一完全可以根据国内目标（如就业、外贸出口等）而不论美元汇率的浮动情况如何来推行某种国内政策的国家”，因此，与以美元为中心的国际货币体系相联系的国际收支不平衡，也一直伴随着世界经济的发展。资本的全球化与地区经济发展的差异，也使全球区域经济协调与合作取得了突飞猛进的发展。从而使金融全球化、金融资本与现实的脱离、汇率不稳定、美元为中心与国际收支不平衡、区域货币合作成为这一时期国际货币体系的显著特征。

（1）资本的跨国流动与金融全球化

资本的逐利本性是实现资本全球扩张的动力，而浮动汇率的实施与伴随而来的西方各国金融自由化政策，则进一步推动了金融资本的全球化。一位拥护在法国建立养老基金的议员在《世界报》上清楚地描述了向国外进行金融投资的重要意义，“养老基金的真正益处在于能够部分地分享别国经济增长的利益”。

金融全球化首先表现为资本跨国流动的规模快速扩张。伴随着金融自由化和金融管制的放松，资本流动规模快速扩张，流动速度显著提高，流动方向也出现了巨大调整，逐渐由从发达国家流向发展中国家改为发达国家之间的流动，资本流动无论是绝对规模还是相对规模都超过了历史上任何时期。尤其是短期资本的流动成为这一时期资本流动的一个重要形式。而美国则逐渐由资本输出国转变为资本输入国，在资本的跨国流动中，美国凭借发达的资本市场为本国的公共赤字和个人赤字提供融资。

其次，资本的跨国流动还引起了各个国家金融市场的逐渐统一。这种市场的统一，一方面表现为作为资本价格的利率的波动，不同国家的金融市场逐渐呈现出明显的联动性，西方主要国家中央银行的决策具有显著的相关性，主要国家利率的每一次调整都会引起其他国家的快速响应，不同国家的利率差距缩小。另一方面也表现为金融监管、金融制度等交易规则的逐渐趋同，即金融资本“逐渐在相同的游戏规则下，采用相同的金融工具，在全球范围内选择投资者和筹资者”。

最后，金融全球化具有明显的等级之分。在金融市场逐渐统一、利率联动性加强、金融制度逐渐趋同的过程中，哪个国家的利率变动在整个国际金融市场中具有主导作用，采用谁的金融制度和“游戏规则”也使金融全球化有了等级之分。美国的金融体系支配着其他国家的金融体系，这是由美元的地位和美国债券与股票市场的规模所决定的。金融全球化并没有否定各国之间的竞争和发展不平衡，20 世纪 90 年代后新兴市场国家加入金融全球化的进程，既标志着金融全球化的范围得以扩大，也标志着在一定程度上加深了各国之间的竞争与发展不平衡。

（2）金融资本与实体经济的脱离

货币作为公共产品，其价值的稳定为我们提供了重大的社会效益，但货币又始终具有固有的私人商品特性，货币的这种矛盾性必然要求对货币进行谨慎的管理。在布雷顿森林体系前，货币与黄金储备保持着一定比例的关系，迫使经济主体执行某种货币纪律。“信用货币属于社会生产过程的最高阶段，受完全不同的法则所支配”。而布雷顿森林体系的崩溃意味着货币与黄金储备的脱钩，各国发行的纸币从此再也不用与实物之间保持某种转换关系，国际货币体制进入信用货币时代。这也为金融资本的膨胀，尤其是国际金融资本的膨胀提供了前提条件。

自由化经济政策的实施为金融资本的膨胀提供了强大的现实基础。首先是自由化的经济政策带来了金融市场的不确定性，这就产生了对金融衍生产品的需求。其次是自由化的经济政策带来了偏高的利率，高利率使生产资本也向金融资本转变，从而引起金融资本的膨胀。根据国际清算银行的报告，2007 年外汇市场日交易额达到 3.2 万亿美元，而与之对应的“现实”国际贸易日交易额只有 774 亿美元，占日外汇交易额的 2.4%。伴随着放松管制和金融创新的发展，新的金融工具不断出现，各国金融数量急剧膨胀，进入 20 世纪 90 年代，几乎所有国家的金融资产数量都大大超过了这些国家的国内生产总值。国际清算银行 2008 年 3 月公布的调查结果显示，全球金融衍生商品总值从 2002 年的 100 万亿美元已暴增到 2007 年末的 516 万亿美元，是全球 GDP 总额 48 万亿美元的十多倍。其中一半以上即近 300 万亿美元在美国。这样，国际金融的发展是根据自身的逻辑，与世界经济中的贸易和生产性投资不再有直接的联系，政府债券成为投机性金融的主要支柱。

（3）汇率的不稳定性

由于国际金融的发展是根据自身的逻辑，与世界经济中的贸易和生产性投资不再有直接的联系，汇率的不稳定就成为布雷顿森林体系后的另一个重要特征。弗里德曼是 20 世纪 70 年代金融自由化和浮动汇率的鼓吹者和支持者，在论述汇率问题时，弗里德曼曾经将汇率与夏令时一起做比较，认为“实行可变汇率的理由与实行夏令时的理由几乎是非常相同的……即使所有人都希望改变其对时钟的反应模式，但改变指导所有人的时钟要比让每个人分别改变其对时钟的反应模式简单得多。在外汇市场上的情况也是如此。让一种价格发生变动，也就是说让外汇的价格发生变动，要比依赖于构成国内价格体系的众多价格的变动简单得多”。

实行浮动汇率所要达到的目标，其中一个是“汇率在自由变动的同时，事实上是高度稳定的；汇率之不稳定，是作为基础的经济结构不稳定的征兆”。并且弗里德曼认为，“通过对汇率的冻结管理来消除这一征兆，不会解决任何根本性困难，而只会使这些困难所做的调整更为痛苦”。而实行浮动汇率的一个前提就是“不受限制的多边贸易，在这种制度中，不存在对进口或出口的直接数量控制；在这种制度中，关税及出口补助金是相当稳定的和非歧视性的，不会受到操纵从而影响收支平衡；在这种制度中，国际贸易的相当大一部分处于私人的（非政府的）控制之下”。也就是说，实行浮动汇率必须存在的两个前提，一是汇率的波动必须反映经济基础的变化；二是现行的国际贸易体制是完全自由的贸易体制，不存在贸易保护主义行为。而实行浮动汇率不仅能够保持国内货币政策的独立性，也能够最大限度地实现国际货币合作，达到货币稳定的目的。但是实行浮动汇率之后，不仅发展中国家的汇率波动性远远大于弗里德曼所认为的“反映基础的经济结构不稳定”，在国际交易中占主导地位的硬通货美元、欧元、日元之间的汇率也极其不稳定。同时，1985 年美国因巨额国际收支赤字迫使日本签订《广场协议》从而使日元升值，《广场协议》是国际货币历史上的一个转折点，“人们不再相信浮动汇率可以自动达到所希望的均衡”。克鲁格曼通过对沉淀成本模型的分析，揭示了汇率与贸易的隔离，而金融市场的不完善会使汇率远离合理的水平。克鲁格曼认为汇率是如此重要的一个价格，不能完全将它交给外汇市场。因此，政府政策应该为汇率预期确立一个中心，并保卫这个中心，甚至不惜以货币政策的一定变化为代价。为此，克鲁格曼提出了著名的“克鲁格曼三角”（Krugman，1998），即本国货币政策的独立性、汇率的稳定性、资本的完全流动性不能同时实现，最多只能同时实现两个目标，而放弃另外一个目标。“世界经济的不完全一体化既是汇率不稳定的根源，又是汇率不稳定的结果”。正是由于资本自由流动并在相互依赖的国际金融市场上集中，导致了金融全球化的发展，而仍然处于分割状态的不同国家的货币依然存在，成为汇率不稳定的真正根源。

3.2.5　当前国际货币体系的问题

尽管布雷顿森林体系崩溃后，各国努力实现储备货币的多元化，但从实际情况看，美国依靠其在全球政治、经济中的霸主地位，美元仍然在国际储备货币中居于“一币独大”的核心地位。作为计价单位，美元是衡量各国经济实力、比较各项主要经济指标的共同尺度，也是初级产品的主要计价货币之一，国际贸易中其他接近半数的交易也以美元为主要结算货币。

美元是一种主权货币，而以主权信用货币作为主要国际储备货币必然会导致诸多问题。

首先，储备货币发行国的中央银行肯定会把国内经济目标放在首要地位，而把对外经济目标放在次要地位。由于国内经济目标和对外经济目标经常发生冲突，必然导致储备货币发行国以牺牲他国利益为代价而满足自身的宏观管理需要。

其次，储备货币发行国的货币发行缺乏纪律约束，它享有的铸币税特权会导致经济失衡和潜在危机。1968 年，美国尼克松政府宣布停止美元与黄金的兑换，导致美元可以无限制地对外提供流动性。正是由于这种特权，美国居民大量超前消费，国际收支经常项目持续逆差，不注重发展国内的实体经济，虚拟经济和实体经济严重失衡，最终爆发金融危机并快速在全世界传导。金融危机的爆发虽然给美国敲响了警钟，但是，只要美国发行货币不受约束，它就会不断通过经常项目向外提供本位货币，满足国内消费，然后通过提供债券等金融资产回收本位货币。虽然，国际收支顺差国日后将利用该债权购买美国的商品与劳务，可是由于通货膨胀的存在，会导致美元的贬值。这样，就会进入美元资产不断膨胀，美国经济虚拟化程度不断加深，从而加剧虚拟经济与实体经济失衡的恶性循环。

2002 年以后，欧元的诞生使美元的霸主地位受到挑战，这从根本上动摇了当代国际货币体系中世界货币的统一性。但是，欧元的出现不但没有使滥发货币的情况得到遏制，反而加剧了危机。因为两大货币同时存在会使“滥币陷阱”出现。即一个主要货币的滥发一定会迫使另一个货币跟着滥发。“特里芬难题”仍然存在。我们看到，欧元和欧元资产发行量正以比美元还快的速度膨胀，更为严重的问题是欧洲也在迅速滑向美国的经济运行方式，依靠金融服务、地产和旅游等行业或其他服务业维持经济运行。最后的结果是美元资产和欧元资产都持续膨胀，国际货币体系的危机不断加深。

此外，以浮动汇率为主体的多样化汇率机制虽然在各国调节国际收支的不平衡方面起到了一定的积极作用，但却导致国际货币体系严重缺乏稳定性。美元、欧元、日元等主要货币之间的汇率的频繁、大幅度波动，也诱使发展中国家的货币出现过度波动从而增加了国际汇率体系风险，影响国际贸易与投资的增长，加剧国际金融市场的动荡，使各国宏观经济政策难以调控，引起国内物价、工资和就业的不利变化，破坏资源的合理配置，妨碍经济发展和国际收支经常项目的调整。

同时，各国往往根据自己的需要进行汇率干预管理，根据各自的偏好和利益自主决定。一些国家为了实现国内经济目标，无限制地实行膨胀性的财政政策和货币政策，加剧了世界通货膨胀的压力。

汇率的剧烈波动还助长了外汇投机活动。随着金融全球化步伐的加快，金融市场的阻隔消除，金融创新和金融衍生工具大量涌现，国际资本流动速度大大提高，国际游资也在金融全球化、自由化的浪潮中迅速膨胀，在利率、汇率的频繁波动中寻找可乘之机，使国际金融市场的风险进一步加大。而正是这种大规模的投机活动，使越来越多的国家在面对经常项目出现逆差时，不是采取国内紧缩或调整汇率的措施来平衡逆差，而是借助于短期资本的流入平衡逆差，而外债长期积累的后果使这些国家偿债压力越来越大，当游资大规模撤离的时候，就会引发严重的金融危机甚至经济危机。先后出现的 1992 年英镑危机（1992 年 9 月中旬在欧洲货币市场上发生的一场自第二次世界大战后最严重的货币危机，其根本原因是德国实力的增强打破了欧共体内部力量的均衡。德国加息引起了外汇市场出现抛售英镑、里拉而抢购马克的风潮，致使里拉和英镑汇率大跌，引发了 1992 年的英镑危机）、1994 年墨西哥比索危机（墨西哥为了遏制通货膨胀，实行稳定汇率的政策，使新比索与美元的汇率基本稳定。但由于外贸赤字的恶化，外国投资者信心动摇，在资本大量持续外流的压力下，1994 年 12 月 20 日墨西哥政府不得不宣布让新比索贬值 15.3%。然而这一措施在外国投资者中引起了恐慌，资本大量外流愈加凶猛。墨西哥政府外汇储备几近枯竭，最后墨西哥新比索下跌了 40%）、1998 年亚洲金融危机（1997 年开始，亚洲金融风暴席卷泰国，泰铢贬值。不久，这场风暴扫过了马来西亚、新加坡、日本和韩国等地，打破了亚洲经济急速发展的景象。亚洲一些经济大国的经济开始萧条，一些国家的政局也开始混乱）、2001 年阿根廷金融危机（2001 年 3 月，阿根廷出现了一个小的偿债高峰，同年 11 月 1 日，德拉鲁阿总统宣布，阿根廷将实施重新谈判外债、调整税收、支持困难企业、发行新债券等一揽子经济调整措施，以克服金融危机。但这些措施并未得到积极的反应，相反，11 月 2 日，阿根廷证券市场梅尔瓦股票指数比前一个交易日下降 284%。与此同时，货币市场利率急剧飙升，以致银行间隔夜拆借利率竟高达 250% ~300%。于是阿根廷经历了该国历史上最大的一次债务危机）以及 2007 年次贷危机（见第 2 章）都不断地在提醒人们当前国际货币体系的投机性已经越来越大，其越来越成为经济发展的“双刃剑”。

3.3 本章小结

本章探讨了引发次贷危机的住房抵押贷款证券化金融衍生产品，深入反思了债务危机的根源，即当前国际货币体系的痼疾，得到以下结论：

（1）抵押贷款证券化产品自 20 世纪 70 年代末开始在美国推出以后，成为 30 多年来世界金融领域中发展速度最快的金融衍生工具，但它却引发了 2007 年的次贷危机。从宏观上看，危机爆发是由于经济自由化与金融监管放松；从微观上看，我们也应对资产定价理论进行反思。结构化衍生产品的出现和发展本应是为了分散、转移、控制金融风险，但最后却成为一场金融危机的导火索。金融衍生产品的不断创新使越来越多的数学工具被加以应用，越来越多的计算机算法被加以借鉴，但基于随机游走和无套利均衡假设的模型，并不能计算出金融衍生产品的真实价值。

（2）本轮债务危机有别于过去所说的“资本主义的周期性危机”，而更多的是一种现行国际货币体系下的结构性危机，即经济发展的不平衡、金融资源的不平衡、全球贸易的不平衡。对于这些不平衡的产生，我们认为固然有货币政策或财政政策失误的因素，但其根源是现行国际货币体系的天然缺陷，这些不平衡都是现行的以美元为核心的货币体系矛盾的集中体现。

第4章　量化宽松与中国货币政策

本章探讨了量化宽松货币政策，以及其对经济发展、金融市场的巨大影响，分析了其产生的脉冲响应。同时，本章还探讨了中国货币政策的价值取向，对中国货币政策对通胀和产出变动之间的非线性反应规则进行研究，借此建立中国货币政策的非线性最优政策选择模型。第4.1节概述量化宽松货币政策；第4.2节对量化宽松货币政策的影响效应进行定量分析；第4.3节建立了关于中国货币政策的理论模型；第4.4节是本章小结。

4.1　量化宽松货币政策

2007年由美国次贷危机引发的国际金融危机导致各国的经济深陷泥潭。美联储率先启动史无前例的数量工具，实施了向市场注入流动性的非常规货币政策，即量化宽松货币政策（Quantitative Easing Monetary Policy），旨在稳定金融市场并进一步促进经济复苏。随后，主要发达国家也实施了大规模的量化宽松货币政策，意在尽快恢复经济繁荣。如此大规模的全球性量化宽松货币政策尚属首次，其宽松程度甚至超过了两次世界大战期间的低利率政策，为人类近现代史以来之最。

从数据来看，美联储前两轮大规模的资产购买计划帮助美国经济增长率提高了3个百分点，并增加了200万个就业机会。新兴经济体、发达经济体以及OECD工业产出迅速上涨，一些基础商品价格恢复至国际金融危机之前的高点。然而，四轮量化宽松之后，经济复苏更多地表现为虚拟经济持续攀升，实体经济持续萎靡。全球股市快速上涨，发达国家股市屡创新高，发展中国家股市也不甘落后；而与此形成鲜明对比的是，全球的实体经济仍然复苏疲弱。2013年，美国道琼斯指数年涨幅为27%，标准普尔

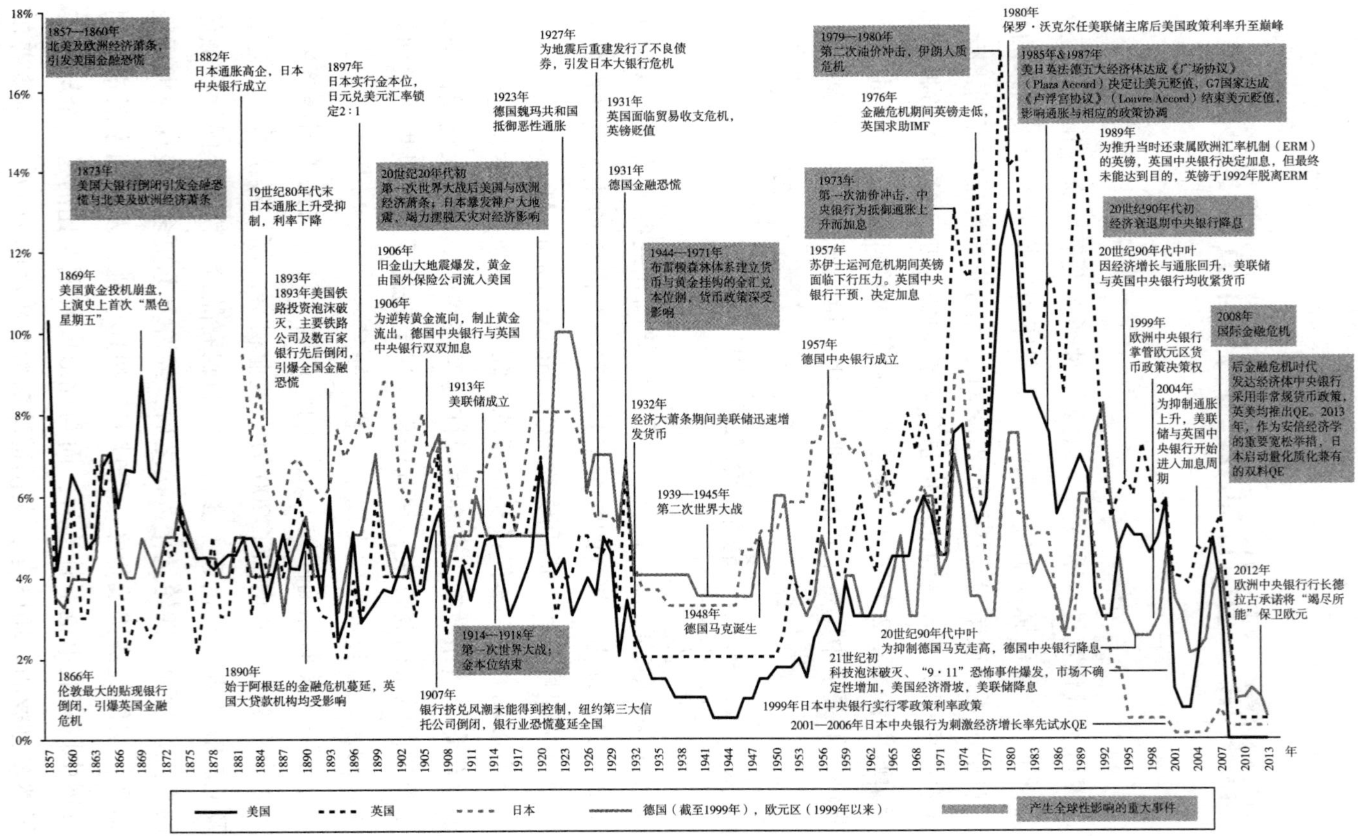

图4-1　150年以来全球主要经济体利率走势

为 30%，日经指数为 57%，德国 DAX 指数为 25%，法国为 18%，西班牙为 21%，是数十年来最快的年度股市涨幅。但同时，实体经济却复苏乏力，主要发达经济体维持低增长，发展中经济体经济增长中枢下移，增长风险加剧。2013 年，美国实际 GDP 增长约为 1.8%，欧元区实际 GDP 增长不到 0.5%，日本实际 GDP 增速为 1.8% ~2%。量化宽松货币政策的提出者、美联储前主席 Bernanke 也承认“美国经济复苏并没有美联储希望的那么顺利，仍相对脆弱，并可能存在负面作用”。

4.2　量化宽松的政策效应

美联储量化宽松货币政策是否真正地挽救了金融危机，它对经济复苏起到了多大的作用，自美联储量化宽松货币政策实施起，学术界即开始了关于量化宽松货币政策效果的讨论，目前，国内外研究主要集中在量化宽松货币政策对不同经济体的影响上。国外研究大部分集中于量化宽松货币政策对美国经济的正面影响，如稳定金融市场、促进经济增长等。国内研究主要分析量化宽松货币政策对中国经济的影响，主要集中于理论探讨量化宽松货币政策的传导机理和退出机制以及对物价水平的影响，而真正通过实证分析量化宽松货币政策对中国经济影响的研究较少。极少有研究从虚拟经济与实体经济严重背离的经济背景出发讨论量化宽松货币政策的效果。与以往研究相比，本书的贡献在于：首先，根据近年全球经济历史数据的分析，提出了量化宽松货币政策对经济影响的一种新模式——“脉冲式响应机制”，即短期内存在一定的电击式刺激作用，但并未呈现持续上升的趋势；其次，对引入改进的 TVP-BVAR 模型进行了实证分析，更清晰有力地刻画了政策影响效果的变化；最后，运用实体经济与虚拟经济背离的相关理论分析美联储量化宽松货币政策对美国和中国经济造成影响的深层次原因，印证量化宽松货币政策仍是一种货币现象，体现了“长期货币中性”的内在哲理。

4.2.1　量化宽松的脉冲响应理论

由于金融市场体系的不完善、微观主体较低的敏感度等原因，各国货币政策对经济的刺激往往存在一定时滞，发达国家 GDP 水平达到最高点通常需要 1 ~ 2 年，中国的时滞稍短，但也需要 8 ~ 10 个月。2008 年国际金融危机之后，全球性量化宽松货币政策对经济的刺激呈现前所未有的特点：每一轮大规模量化宽松货币政策的出台，都使大多数经济参与者对未来经济活动的预期变得更加乐观，金融市场迅速调整，实体经济活动也在短时间内快速扩张，货币政策时滞大幅度缩短甚至可以忽略；但是，预期改善所带来的经济恢复和上升过程难以持续，一段时间以后，随着预期改善效应的逐步消失，经济活动出现阶段性的停顿和放缓。最终导致量化宽松刺激背景下，全球经济体的价格水平和实体经济都产生了一种脉冲式的影响模式。本书将采用 2007—2013 年 OECD、美国、新兴经济体以及中国的工业产出等数据对脉冲式影响模式进行初步验证。

从 2007—2013 年 OECD 综合领先指标及工业产值的环比增长率变动情况可以看出（见图 4 –2），2009 年全球性的量化宽松货币政策启动后，综合领先指标和工业产值增长率指标均呈现多轮大幅上升、随后快速下降的脉冲式反应，并不存在长期上升趋势，且所表现出的每一个脉冲正与各国中央银行量化宽松货币政策的实施一一对应，表明非常规的货币政策的确对全球经济产生了一种全新的作用模式。进一步，从美国的 CPI、PPI 增长率的变化趋势来看（见图 4 –3），两者分别在 2009 年第二季度以及 2010 年第四季度出现了两次非常明显的脉冲，这与政府宣布大规模增购金融及实物资产的时间几乎是同步的。随着价格水平的上涨，量化宽松推动消费和投资预期，进而拉动实体经济的复苏，最终使工业产值表现出相类似的变化趋势。

我们合并巴西、印度、印度尼西亚、俄罗斯、南非几大新兴经济体 2007—2013 年的出口数据，以反映此轮政策对实体经济的影响（见图 4 –4）。2009 年初的量化宽松促使新兴经济体出口数据大幅上升，但至 2010 年 1 月，出口数据便开始出现回落。同样，尽管没有 2009 年的冲击明显，2010 年底的 QE2 也对新兴经济体的出口贸易产生了“电击式刺激”，这在一定程度上与新兴经济体高度浮动的汇率制度有关。我国过去几年的数据显示，无论是宏观层面的价格指数（见图 4 –5）、出口贸易指数（见图4 –6）还是深入到实体经济主要产业（见图 4 –7）的变化趋势都能同样看出与量化宽松货币政策实施时间的一致性。

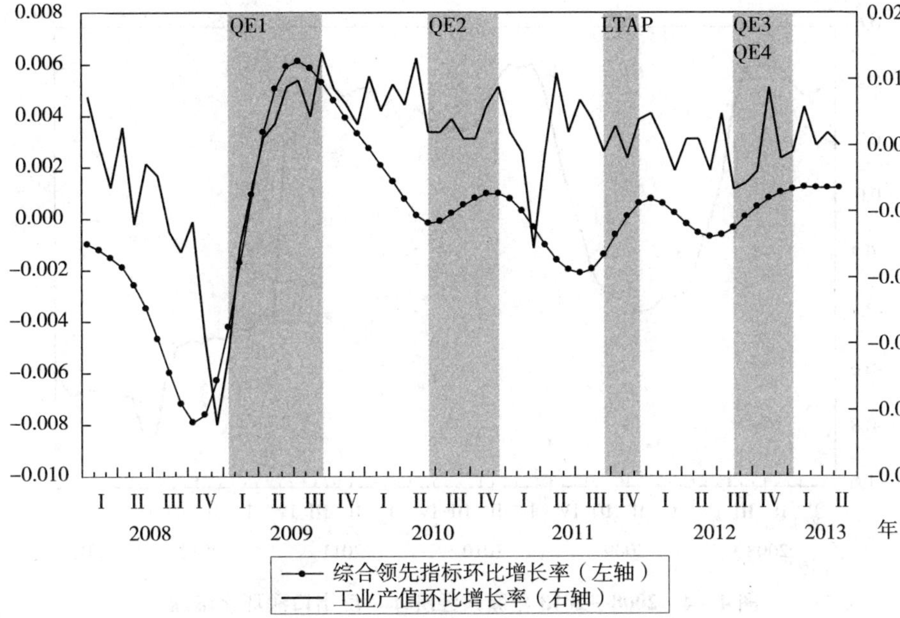

图 4－2　2008—2013 年 OECD 工业产值、综合领先指标环比增长率

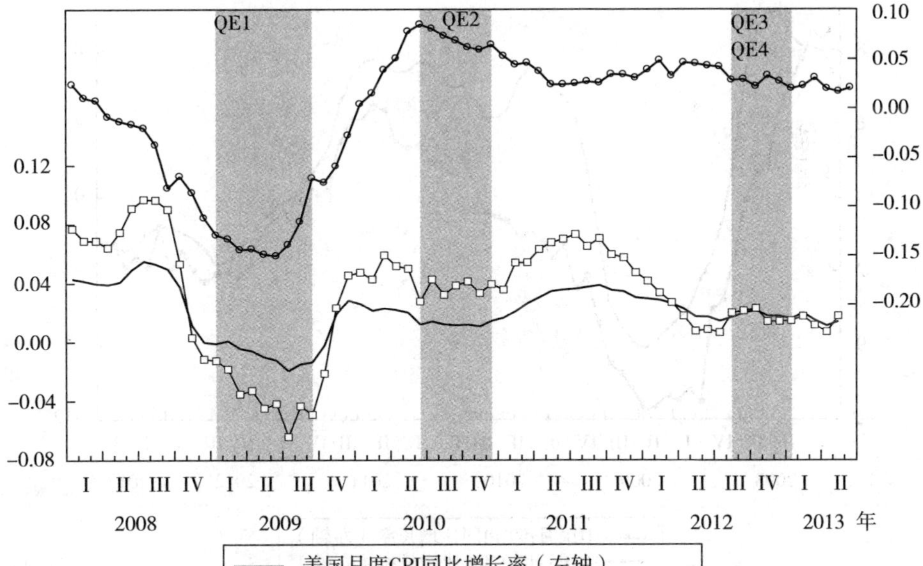

图 4－3　2008—2013 年美国月度 PPI、CPI、工业产值同比增长率

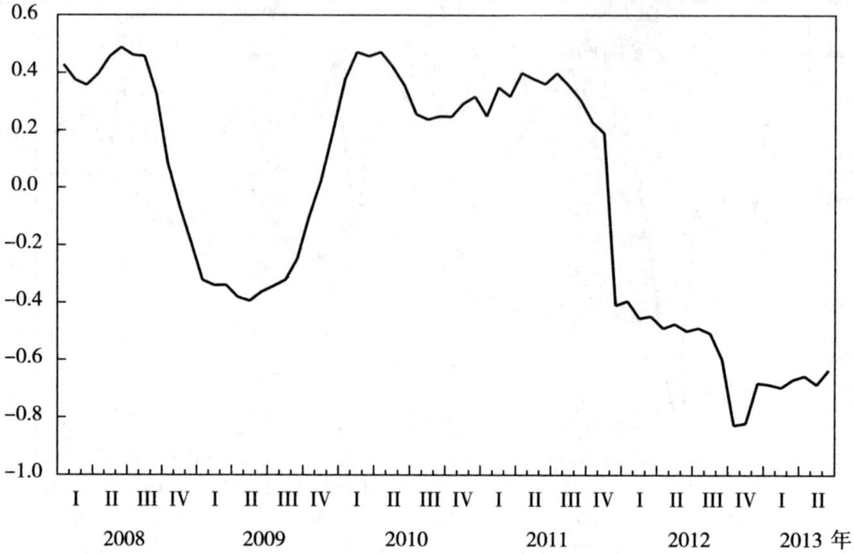

图 4－4　2008—2013 年新兴经济体月度出口额环比增速

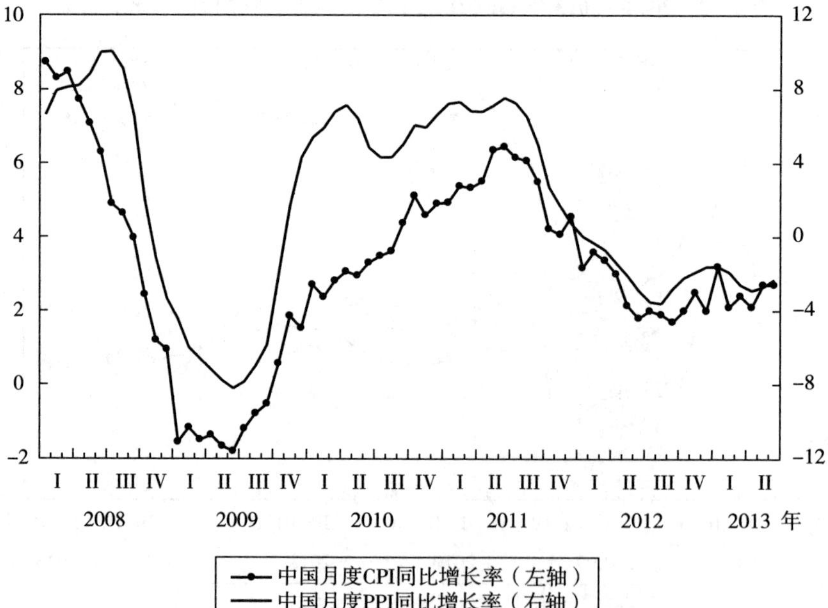

图 4－5　2008—2013 年中国月度 PPI、CPI 同比增长率

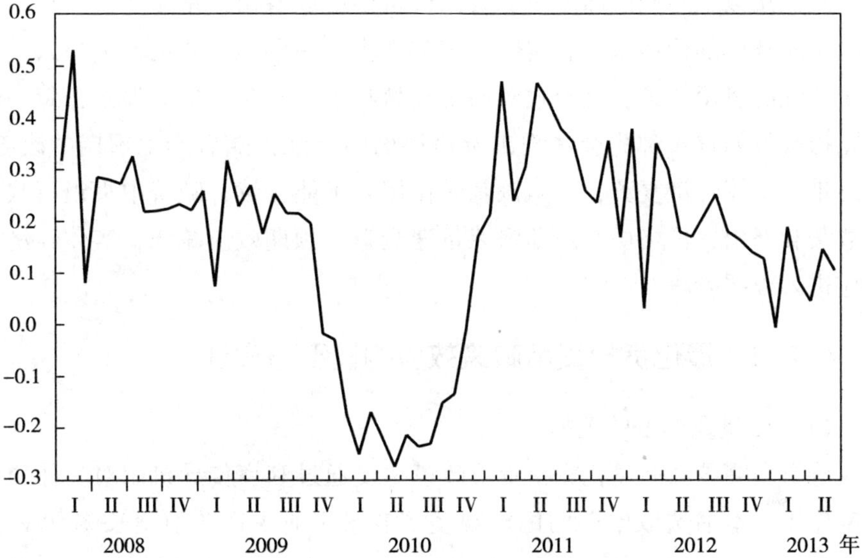

图 4-6　2008—2013 年中国月度出口同比增长率

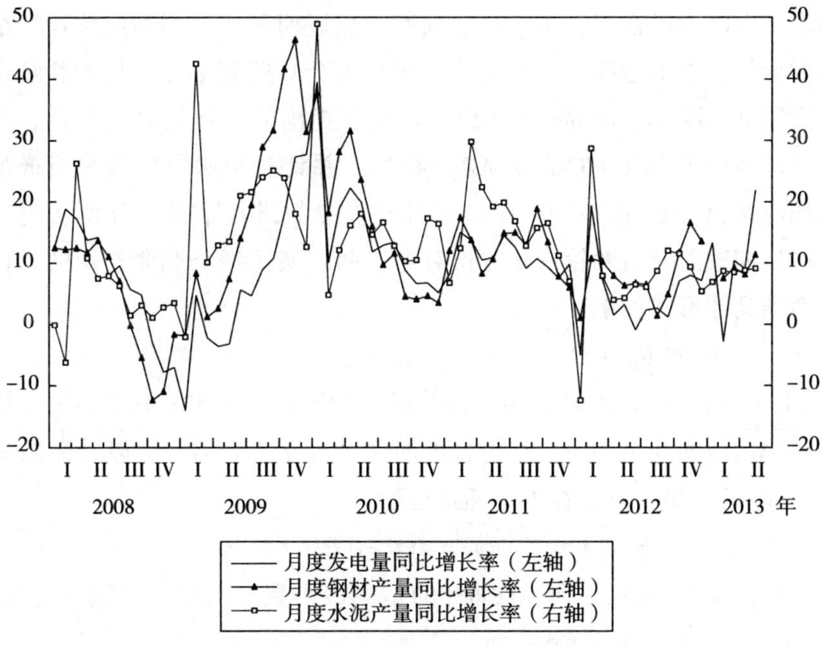

图 4-7　2008—2013 年中国月度发电量、钢材产量、水泥产量同比增长率

我们从以上不同层面的历史数据分析中可以看出，量化宽松货币政策对全球经济体的价格水平和实体经济都产生了一种脉冲式的影响模式。相比于传统的货币政策，该模式有两个显著特点：一是反应时滞短，每一轮超宽松政策的宣布都先会体现出价格层面的上涨，随后产生预期的改善，最终带动实体经济复苏；二是该刺激作用并不能持续，随着中央银行政策的放缓和退出，价格层面短期繁荣迅速衰退，预期效应减弱，实体经济也相应进入减缓阶段。

4.2.2 量化宽松货币政策效应的模型与实证

（1）变量及模型的选择

分析表明美联储量化宽松货币政策主要通过利率传导机制对实体经济产生作用。本书选取中美两国宏观经济变量工业生产总值增长率（y_t）、消费者物价指数（π_t）以及基准利率（r_t），十年期国债利率与3个月期国债利率之差（s_t）作为实证分析变量。其中，中美基准利率使用联邦基准利率和中国人民银行发布的基准利率。长短期利差是判断经济运行情况的重要变量，本书选择十年期国债利率与3个月期利率之差代表长短期利差。沿用 Baumeister 和 Benati（2007）最新提出的参数随时间变化且考虑随机波动性的 BVAR（TVP-BVAR）模型，并针对中国市场情况对模型设置做相应调整，运用 MCMC 算法对各时点参数进行估计，分别从时点截面、滞后期截面分析四轮量化宽松对中美两国实体经济刺激作用的具体模式。模型具体形式如下：

$$Y_t = B_{0t} + B_{1t}Y_{t-1} + \cdots + B_{pt}Y_{t-p} + \mu_t \equiv X_t'\theta_t + \mu_t \qquad (4-1)$$

式中，$Y_t \equiv [y_t, \pi_t, r_t, s_t]'$。沿用以往研究的结论，这里 $p = 2$，X_t 包括 Y_t 以及其滞后项的变量矩阵，θ_t 包含随时间变化的截距项 B_{0t} 以及系数矩阵 $B_{1t}, \cdots, B_{pt}$ 的向量，且遵循如下递推过程：

$$p(\theta_t \mid \theta_{t-1}, Q_t) = I(\theta_t) f(\theta_t \mid \theta_{t-1}, Q_t) \qquad (4-2)$$

式中，$I(\theta_t)$ 设定为拒绝不稳定抽样的指标性函数，以保证参数的稳定性，$f(\theta_t \mid \theta_{t-1}, Q_t)$ 遵循如下形式：

$$\theta_t = \theta_{t-1} + \eta_t \qquad (4-3)$$

式中，$\eta_t \equiv [\eta_{1t}, \eta_{2t}, \cdots, \eta_{N\times(1+N_p)t}]$ 且 $\eta_t \sim N(0, Q_t)$。同时，在残差的协方差矩阵中引入随机波动率因素。我们假设

$$Q_t \equiv \begin{bmatrix} q_{1t} & 0 & \cdots & 0 \\ 0 & q_{2t} & \cdots & 0 \\ \cdots & \cdots & \cdots & \cdots \\ 0 & 0 & \cdots & q_{N\times(1+N_p)t} \end{bmatrix} \tag{4-4}$$

$q_{it}\ [i = 1,2,\cdots,N\times(1+N_p)]$ 遵循几何随机游走：$\ln q_{it} = \ln q_{i,t-1} + \omega_{i,t}$。式（4－1）的残差项 $\mu_t \sim N(0, \Omega_t)$，其中将 Ω_t 因子分解成 $\Omega_t = A_t{}'H_t(A_t^{-1})'$，$H_t$ 是包含随机波动率的对角阵，以反映结构性冲击的大小，A_t 是下三角矩阵，反映内生变量间关系，定义如下：

$$H_t \equiv \begin{bmatrix} h_{1t} & 0 & 0 & 0 \\ 0 & h_{2t} & 0 & 0 \\ 0 & 0 & h_{3t} & 0 \\ 0 & 0 & 0 & h_{4t} \end{bmatrix} \quad A_t \equiv \begin{bmatrix} 1 & 0 & 0 & 0 \\ \alpha_{21t} & 1 & 0 & 0 \\ \alpha_{31t} & \alpha_{32t} & 1 & 0 \\ \alpha_{41t} & \alpha_{42t} & \alpha_{43t} & 1 \end{bmatrix} \tag{4-5}$$

式中，h_{it} 遵循几何随机游走，$\ln h_{it} = \ln h_{i,t-1} + v_{it}$。$\alpha_t \equiv [\alpha_{21t}, \cdots, \alpha_{43t}]'$ 遵循无飘移项的随机游走过程：$\alpha_t = \alpha_{t-1} + \tau_t$。

选取 TVP-BVAR 模型作为本书基准模型，是考虑到：一方面，国际金融危机前后，世界各经济体无论是资本市场还是宏观经济均存在大幅震荡，如果沿用传统的固定参数模型，将会造成很大的估计误差；另一方面，传统的 TVP-VAR 模型中状态方程飘移项为常数，并不能很好地反映国际金融危机时期各变量的波动情况，因此，本书将 TVP 模型中的状态方程飘移项分别进行变化，以更精准地进行参数估计。模型设定方面，为保证其收敛，选定前 50000 次迭代为训练期，并采取每 10 次抽样进行 5000 次迭代的方式以降低抽样样本之间的自相关性；同时，通过系数非时变的 BVAR 模型，选取样本区间的前两年数据用于计算 MCMC 的先验分布参数，后五年的数据用于时变的参数估计。在 SVAR 模型的识别过程中，美国数据沿用 Baumeister 和 Benati（2007）设定的符号限制，中国数据部分

则不考虑最低零利率限制。选取中美两国2006—2013年的月度数据[①]进行计量分析，工业生产总值增长率以及消费者物价指数已进行去季节化及平稳化处理。

（2）实证分析结果

实证分析主要涉及在最低零利率限制下，量化宽松对美国实体经济呈现的刺激效果以及对中国经济的影响。此外，分别以四次量化宽松货币政策的宣告时期及整个作用时间段为横截面做分析，以更直观地反映出刺激强度及持续期。以往研究显示，无论是美联储还是欧盟、英国的数据均可得出，量化宽松通常导致利差下降40～80个基点，因此本书沿用Baumeister和Benati（2007）中的方法，将TVP-BVAR模型变形为SVAR模型，通过对短期利率实施额外约束，对整个样本区间内的利差实施降低0.5%的非预期性变化，以观察利差本身、工业总产值增长率及消费者物价三个变量参数随时间变化的脉冲响应函数（IRF），结果如图4－8、图4－9所示。

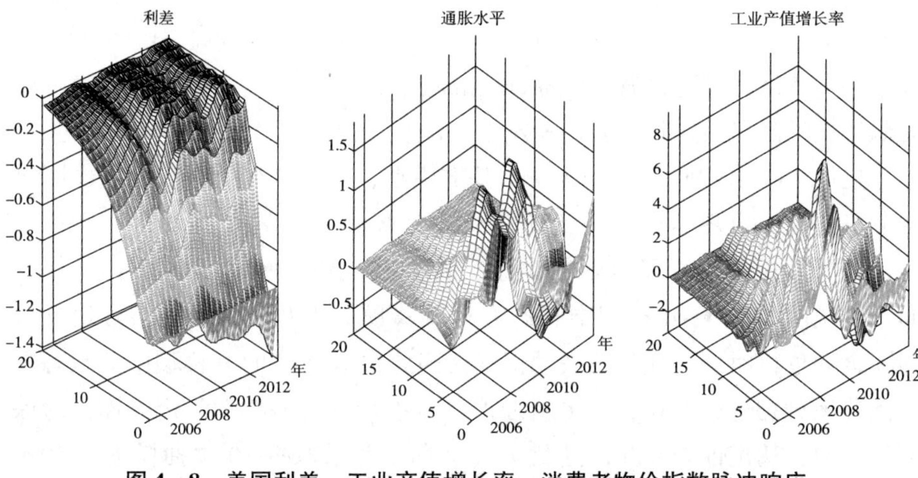

图4－8　美国利差、工业产值增长率、消费者物价指数脉冲响应

我们不难发现，随着时间点的改变，利差的脉冲模式并不存在明显变化，但是价格指标和产值指标的脉冲反应模式呈现巨大波动，这在一定程度上说明针对所选取的样本区间，引入参数随时间变化并且飘移项随机波

① 数据来源于Wind和OECD数据库。

动化的 VAR 模型拟合效果会更好，反之，传统的固定系数的 VAR 模型则会带来较大误差。此外，通过对比是否存在“最低零利率限制”的脉冲图，美国数据显示在 20 个观测期中，两种情况下脉冲反应的结果差异很大，而中国层面则几乎一致，即可验证针对美国数据的模型中实施两年零利率限制的必要性。从中国数据得出的脉冲响应图也呈现较大的波动性，但是两国的 CPI 以及工业产值增长率指标均在 2009 年中期、2011 年初呈现出尖峰效应，并且从 2012 年底开始出现上升趋势，这正好对应着每一轮量化宽松宣布实施后的 3～6 个月，中国数据的反应略显滞后，但时间间隔差距不大，在一定程度上说明这一系列量化宽松刺激作用时滞很短，与传统的货币政策的传导机制也不甚一致。

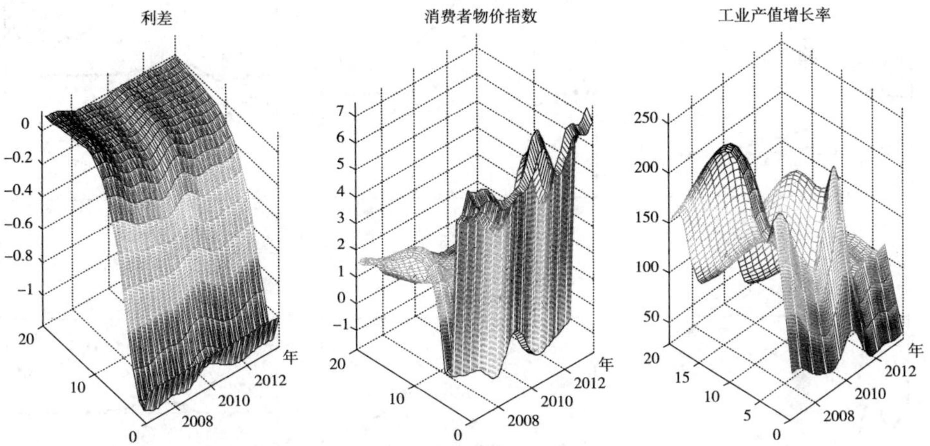

图 4－9　中国利差、消费者物价指数、工业产值增长率脉冲响应

为进一步探讨反应时滞，选取 2008 年 9 月、2010 年 10 月以及 2012 年 12 月三个时间点为起始点进行脉冲响应，美国和中国的结果分别如图 4－10 和图 4－11 所示。从图 4－10 可以看出，与第二、第三列图相比而言，第一列图（2008 年）的两项指标均呈现一轮强大脉冲式波动，从开始上升到快速下降恢复至初始水平，整个持续期大约仅为半年，并且工业总产值增长率的最高点达到了 2%，说明量化宽松在一定程度上的确振兴了大衰退时期的经济，但作用效果极为有限，长期并不存在持续正向的推进作用，而 2010 年以及 2012 年的两次量化宽松后，实体经济均先存在仅为

2~3个月的徘徊期，随后3~4个月的快速上升以及紧随的下降，刺激效果并不如QE1明显，仅达到0.5%左右，这一方面是因为相对于国际金融危机之后，实体经济已逐步趋于好转，经济基本面情况提升；另一方面归结于持续的量化宽松货币政策及不甚理想的作用效果，消费者及投资者的心理预期已有所下降，但总体而言，三轮政策实施之后，美国实体经济均呈现前所未有的脉冲式波动态势：作用效果强，反应时滞短，波动周期短。实证显示，从中国的实体经济走势来看，也存在类似的脉冲式刺激，为3~5个月的提升以及相对缓慢的下降，这与中国应对量化宽松所做出的政策努力是密不可分的。

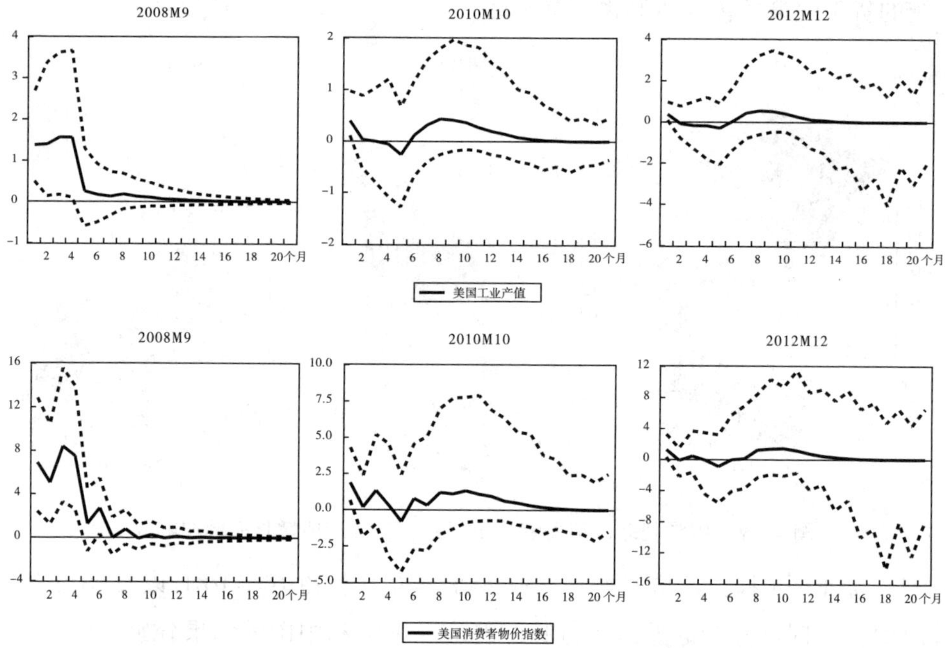

图4-10　时点截面上美国消费者物价指数（下图）、工业产值（上图）脉冲响应

同时，我们又以政策作用期为截面，分别观测政策实施后六个月、一年以及一年半刺激效果所呈现的不同态势（见图4-12和图4-13）。比较发现，价格层面，刺激作用大约在一年之后完全消退，而实体经济层面的作用效果在六个月之后便微乎其微，表明量化宽松货币政策并不能真正意义上改善美国的经济状况，只存在一轮持续期很短的刺激作用，其所表现

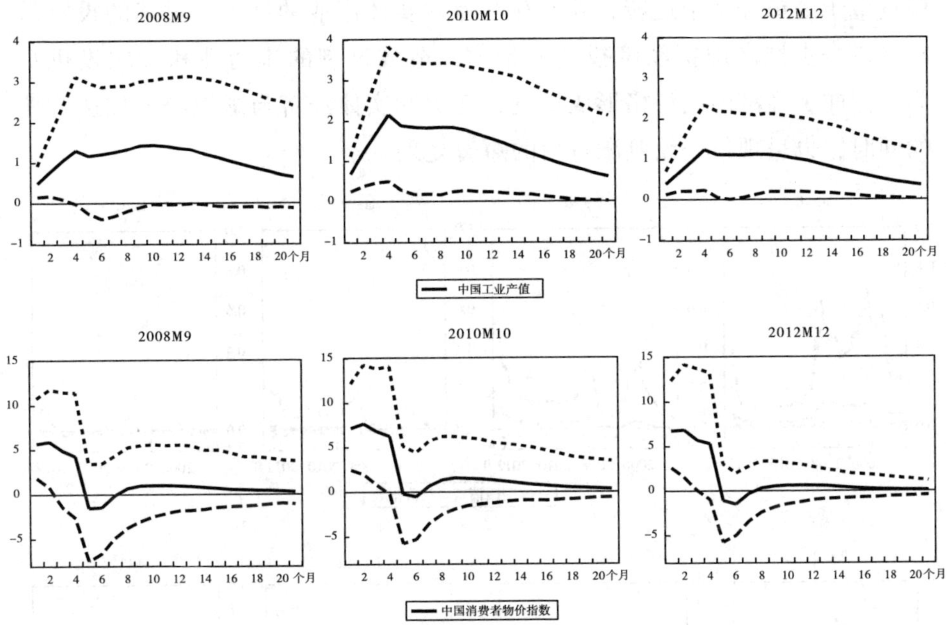

图4-11 时点截面上中国消费者物价指数（下图）、工业产值（上图）脉冲响应

出经济复苏势头的核心原因是美元长期走低，促进美国出口，进而刺激美国制造业和设备投资的短期回暖。而图4-13显示的中国宏观经济的反应则略为不同，对实体经济的冲击在六个月之后的反应最大，在一年及之后作用效果逐渐衰退，这也进一步说明，量化宽松货币政策对中国经济的刺激存在一定程度的时滞，但是非常短，仅为半年左右。

通过以上不同层面的实证分析，美联储的一系列量化宽松货币政策无论是对美国还是对中国经济均表现出一种新型的脉冲式模式，美国经济的反应时滞几乎为零，中国经济的作用时滞也较短。同时，对中美两国经济的促进作用持续期都不到一年，并不能推动经济的长期稳定增长。而造成这一现象的原因是实体经济与虚拟经济的加速背离。结合目前发达国家和发展中国家股市高涨、实体经济发展缓慢的经济形势，量化宽松货币政策释放的资金并未从真正意义上流入实体经济，用于促进产业的升级，创造价值。如刘霞辉和吴晓求以及其他学者所述，当前虚拟经济与实体经济严重背离，虚拟经济过高的收益率已成事实，量化宽松货币政策释放的大规模资金于虚拟经济中运转，并不存在流入实体产业的动力，过高的投资需求又进一步推高虚拟经济投资回报率，造成过剩的流动性和金融投机行为，扭曲了经济内在价格形成机制，在引起实体经济与虚拟经济加速背离的同时，也呈现每一轮刺激背后的短暂复兴。

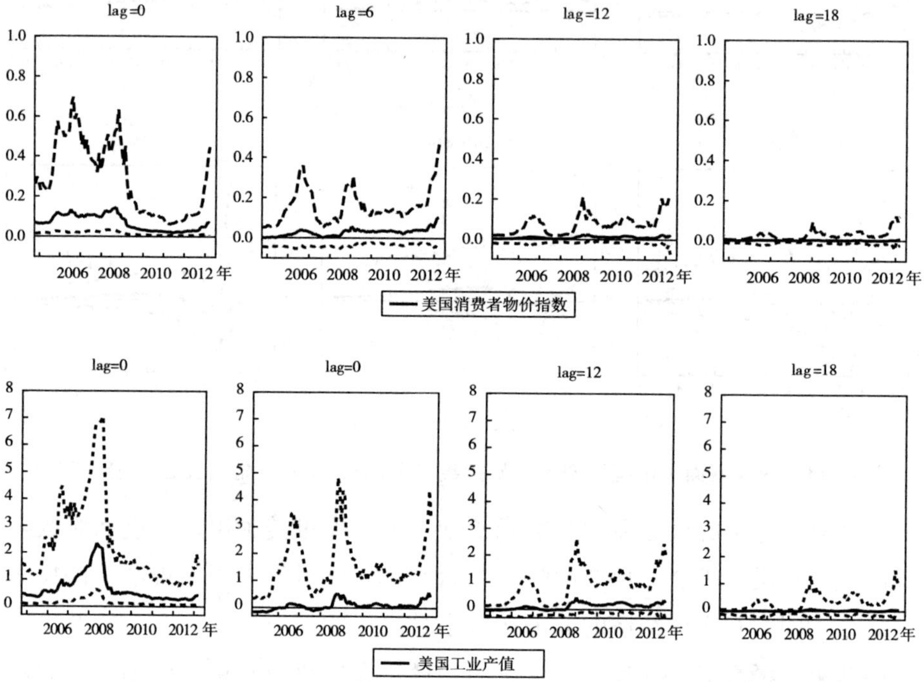

图 4-12　滞后期截面上美国消费者物价指数（上图）、工业产值（下图）脉冲响应

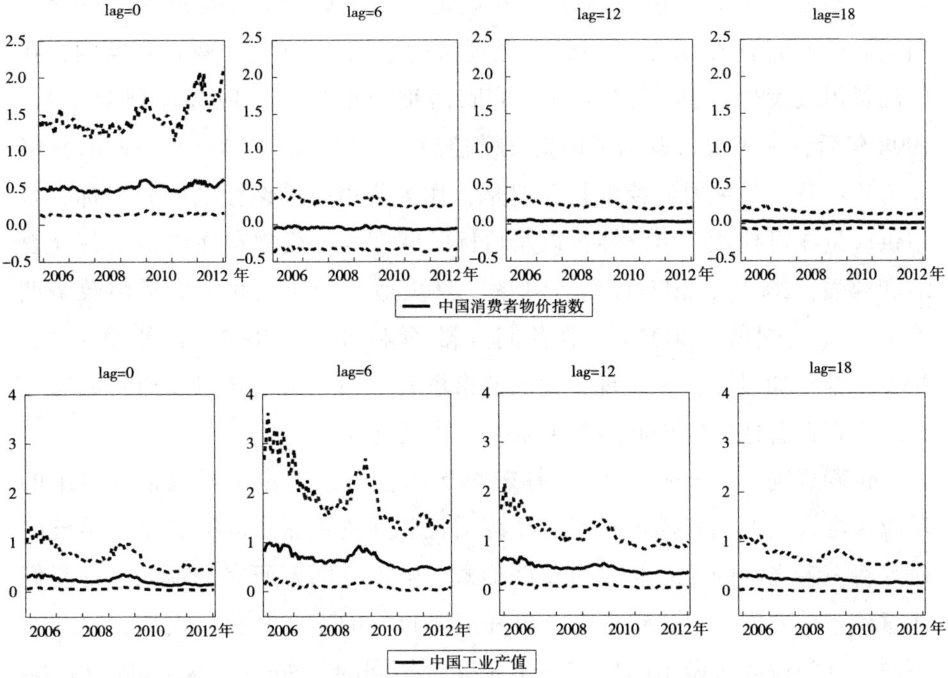

图 4－13　滞后期截面上中国消费者物价指数（上图）、工业产值（下图）脉冲响应

4.3　中国货币政策的目标反应模型

本节将结合中国货币政策特点，建立非线性最优货币政策选择模型，对中国货币政策对通胀和产出变动的非线性反应规则进行研究。然后分别在将通胀率和产出增速作为门限变量的前提下，利用门限回归模型对中国货币政策的变化进行实证研究和对比，验证了中国货币政策非线性特征的存在，并最终将产出增速确定为门限变量。进而采用逐段回归方法，分别在不同的产出增速区间得到了货币政策对通胀和产出增长的非线性反应形式。

4.3.1　货币政策目标反应的基本理论

货币政策工具是各国中央银行为达到货币政策目标而采取的手段。在我国，根据《中国人民银行法》的规定①，中国货币政策的最终目标为“保持货币币值的稳定，并以此促进经济的增长”。在过去较长时期内，我国的货币政策以直接调控为主，采取信贷规模控制、现金计划等工具。1998年后，人民银行取消了信贷规模控制，将货币供应量（M_1 和 M_2）确立为货币政策的主要调控工具。但是，作为货币政策调控的中介目标，货币供应量在可控性、可测性，以及目标关联度等方面都存在诸多问题（夏斌和廖强，2001），相对而言，利率工具更适合于充当我国的货币政策调控工具（王煜等，2002）。学者们（陆军和钟丹，2003；谢平和罗雄，2002；等）通过研究也发现，我国的市场利率与经济增长以及通货膨胀之间的确存在着稳定的长期均衡关系——泰勒规则。

泰勒规则（Taylor，1993）是较早运用在发达国家货币政策制定中的反应规则，主要用来描述利率与经济增长和通货膨胀之间的关系，传统的研究将三者之间的关系假定为线性形式。然而，随着研究的深入，学者们注意到：一方面，中央银行对产出和通胀目标的正向和负向偏离，以及对不同程度的偏离所做出的反应并不是完全相同的（Surico、Naraidoo 和 Raputsoane，2007）；另一方面，货币总供给曲线也存在着显著的非线性特征（Dolado 等，2005）。基于以上原因，泰勒规则的线性假设受到了质疑（Clarida、Galí 和 Gertler，2000；Cogley 和 Sargent，2005；Mehrotra 和 Sánchez-Fung，2011）。学者们分别运用平滑转移回归模型（Klose，2011）、角频度分析（Seip 和 McNown，2013）、半参数估计（Hayat 和 Mishra，2010）及门限协整检验（Bhaduri 和 Sethudurai，2013）等方法，对不同国家货币政策反应规则进行了检验，发现非线性的泰勒规则确实能够更好地描述利率、经济增长和通货膨胀之间的关系。

在我国，货币政策对产出和通胀的调节同样存在非线性特征，现阶段，学术界和实务界更多地将其设定为不同通胀率区间内货币政策的相机抉择。例如，国家统计局以1978年到2003年的通胀数据测算出我国通胀水平的可容忍区间为1%～5%，从通货膨胀区间的定性划分上为货币政策

① 见1995年通过的《中华人民共和国中国人民银行法》第三条。

规则的非线性研究提供了基础。此后，王建国、武娜和张蕾分别借鉴西方研究成果，通过分时段估计和时变通胀目标模型对我国货币政策规则的非线性特征进行了研究。然而，由于我国的经济现状和发展阶段与西方发达国家和地区存在着较大差异，因此，我国货币政策的重点也可能与西方国家有所不同。目前，西方国家普遍实行以“维持稳定通货膨胀”为主要目标的货币政策，但在我国，“促进经济的增长”才是我国包括货币政策在内的经济政策的根本目标。因此，在对非线性泰勒规则进行研究时，直接将通胀率作为我国货币政策的门限变量缺乏科学性和严谨性。

针对这一问题，我们需要首先明确货币政策非线性特征的产生根源，也就是说，我国货币政策工具的结构性变化到底是源于通胀区间还是源于产出区间的变化。为此，本书将利用门限回归模型（Threshold Regression Model），分别在将通胀率和产出增速作为门限变量的前提下，对我国货币政策的变化进行研究和对比，从而确定我国货币政策非线性特征的存在性以及合理的门限变量。

4.3.2　货币政策目标反应的理论模型

（1）线性货币政策反应模型

建立货币政策分析框架，首先需考虑中央银行的政策目标。对我国来说，货币政策目标是“保持货币币值的稳定，并以此促进经济增长”，由于我国实行相对固定的汇率政策，因此其中的“保持货币币值的稳定”更多指向维持国内物价稳定。本书将损失函数设定为产出增速和通胀率平方波动的加权平均，即

$$V(y,\pi) = \min_{i} \sum_{t=0}^{\infty} r^{t}\left[\frac{\lambda_1}{2}(y_t - \bar{y}_t)^2 + \frac{\lambda_2}{2}(\pi_t - \bar{\pi}_t)^2\right] \tag{4-6}$$

式中，r^t 为第 t 期贴现因子，y_t 为第 t 期实际产出增速，$\bar{y}_t$ 为该期产出的目标增速。π_t 为第 t 期通货膨胀率，$\bar{\pi}_t$ 为第 t 期货币当局的通货膨胀目标值。λ_1、$\lambda_2 > 0$ 为常数，表示中央银行在稳定产出和稳定通货膨胀之间的权重选择，即相对偏重程度。从式（4-6）可以看到，中央银行需选择合理的货币政策，即通过动态调整以利率 i 为主的政策工具，来使各时期产出和通胀波

动的折现水平达到最小。

中央银行目标的实现程度，或者说政策工具对经济体的作用效果，受到经济体结构，即产出、通胀与利率动态调整关系的制约，这些经济变量关系通常可以通过总供给函数和总需求函数来反映。由于本书主要考虑货币政策反应的非线性特征，因此将这种经济结构简化为线性的动态调整系统，即

$$y_t = \alpha_1 y_{t-1} + \beta_1 i_t + \varepsilon_{1t} \tag{4-7}$$

$$\pi_t = \alpha_2 \pi_{t-1} + \beta_2 i_t + \varepsilon_{2t} \tag{4-8}$$

式中，α_1、$\alpha_2 > 0$，β_1、$\beta_2 < 0$，均为常数。ε_{1t}、ε_{2t} 为其他外生变量冲击造成的随机扰动。接下来，将式（4-7）、式（4-8）代入式（4-6）中，并对 i_t 求取一阶条件可以求得最优利率 i_t^* 满足：

$$(\lambda_1 \beta_1{}^2 + \lambda_2 \beta_2{}^2) i_t^* = \lambda_1 \beta_1 \bar{y}_t + \lambda_2 \beta_2 \bar{\pi}_t - \lambda_1 \beta_1 \alpha_1 y_{t-1} - \lambda_2 \beta_2 \alpha_2 \pi_{t-1} - \lambda_1 \beta_1 \varepsilon_{1t} - \lambda_2 \beta_2 \varepsilon_{2t} \tag{4-9}$$

定义：

$$\omega = \lambda_1 \beta_1{}^2 + \lambda_2 \beta_2{}^2$$

$$\bar{\varphi} = -\lambda_1 \beta_1 / \omega$$

$$\bar{\psi} = -\lambda_2 \beta_2 / \omega$$

$$\bar{\mu} = (\lambda_1 \beta_1 \bar{y}_t + \lambda_2 \beta_2 \bar{\pi}_t) / \omega$$

$$\bar{\nu}_t = -(\lambda_1 \beta_1 \varepsilon_{1t} + \lambda_2 \beta_2 \varepsilon_{2t}) / \omega$$

式中，$\bar{\nu}_t$ 为随机扰动，同时 $\bar{\varphi}$、$\bar{\psi} > 0$。由此第 t 期的货币政策变量 $i_t{}^*$ 可以表示为

$$i_t^* = \bar{\mu} + \bar{\varphi} y_{t-1} + \bar{\psi} \pi_{t-1} + \bar{\nu}_t \tag{4-10}$$

同时，根据 Clarida、Galí 和 Gertler（2000），我们进一步引入中央银行利率调整的动态平滑机制，即

$$i_t = i_t^* - \rho(i_t^* - i_{t-1}) + \tilde{\nu}_t \tag{4-11}$$

式中，$0 \leqslant \rho \leqslant 1$ 为利率平滑参数，表示每期并不完全根据目标利率设定当期利率，而是要根据前一期利率和当期目标利率之差进行平滑调整，$\tilde{\nu}_t$ 为

随机扰动。在此基础上我们进一步得到利率对产出和通胀的动态反应机制，即货币政策的动态反应函数：

$$i_t = \mu + \varphi y_{t-1} + \psi \pi_{t-1} + \rho i_{t-1} + \nu_t \tag{4-12}$$

式中，$\mu = \bar{\mu}(1-\rho)$，$\varphi = \bar{\varphi}(1-\rho)$，$\psi = \bar{\psi}(1-\rho)$，$\nu_t = \bar{\nu}_t(1-\rho) + \tilde{\nu}_t$。

（2）货币政策门限反应模型

根据前文的分析，中央银行在货币政策实施过程中会参考某一经济指标，根据其所处状态相机调整货币政策。即当中央银行监控的指标在一定范围内波动时，中央银行的货币政策遵循较为稳定的反应规则，而当该变量超出这个范围时，中央银行目标之间的权衡关系发生相应改变。由此，我们将货币政策的非线性效应设定为门限形式。在我们所建立的门限模型中，将门限变量记为 x_t，在我国当前的经济状况下，该变量既可以是经济增速 y_t，又可以是通胀率 π_t。为简单起见且不失一般性，本书假设仅存在单一门限，将门限变量划分为高、低两个区间（对于存在多于一个门限的情形，由于其推导方式与单一门限下的情形非常类似，只需要依照单一门限情形进行简单推广即可，由于篇幅所限，此处不再赘述），因此中央银行目标函数可表示为

$$V(y,\pi) = \min_i \sum_{t=0}^{\infty} r^t \left[\frac{\lambda_{1t}}{2}(y_t - \bar{y}_t)^2 + \frac{\lambda_{2t}}{2}(\pi_t - \bar{\pi}_t)^2\right]$$

$$\lambda_{1t} = \begin{cases} \lambda_{11}, x_t \leqslant x^* \\ \lambda_{12}, x_t > x^* \end{cases}$$

$$\lambda_{2t} = \begin{cases} \lambda_{21}, x_t \leqslant x^* \\ \lambda_{22}, x_t > x^* \end{cases} \tag{4-13}$$

产出和通胀目标的权重 λ_{1t} 和 λ_{2t} 在门限变量 x_t（$x_t = y_t$ 或 π_t）大于 x^* 和小于 x^* 时取值不同。在这一目标函数设定下，结合基准模型的约束条件式（4-7）、式（4-8）以及利率平滑条件式（4-11），利用与上文相同的推导方法可以求得中央银行货币政策反应函数为

$$i_t = \mu^j + \varphi^j y_{t-1} + \psi^j \pi_{t-1} + \rho^j i_{t-1} + \nu_t^j \tag{4-14}$$

其中

$$\mu^j = (\lambda_{1j}\beta_1 \bar{y}_t + \lambda_{2j}\beta_2 \bar{\pi}_t)(1-\rho)/(\lambda_{1j}\beta_1{}^2 + \lambda_{2j}\beta_2{}^2)$$

$$\varphi^j = -\lambda_{1j}\beta_1(1-\rho)/(\lambda_{1j}\beta_1{}^2 + \lambda_{2j}\beta_2{}^2)$$

$$\psi^j = -\lambda_{2j}\beta_2(1-\rho)/(\lambda_{1j}\beta_1{}^2 + \lambda_{2j}\beta_2{}^2)$$

$$\nu_t = -(\lambda_{1j}\beta_1\varepsilon_{1t} + \lambda_{2j}\beta_2\varepsilon_{2t})(1-\rho)/(\lambda_{1j}\beta_1{}^2 + \lambda_{2j}\beta_2{}^2) + \tilde{\nu}_t$$

当 $\pi_t \leqslant \pi^*$ 时，$j=1$；当 $\pi_t > \pi^*$ 时，$j=2$。下文将通过实证分析确定符合我国国情的门限变量，并由此构建我国货币政策的门限调整模型。

4.3.3 货币政策目标反应的实证研究

基于前文的理论模型设定，本小节将进一步对我国货币政策反应规则进行实证研究。我们首先检验当期利率与前一期产出增速和通胀率之间非线性关系的存在与否；若存在，则对货币规则转换的门限变量进行测定，并划分出相应的货币政策反应区间；最后，对式（4－14）进行估计，得到我国非线性货币政策反应规则。

（1）数据及其统计特征

在利率方面，由于银行间同业拆借利率能够较为准确地反映出市场资金的成本，从而更好地反映中央银行货币政策向市场传导的结果，且相对政策利率能够更直接地影响产出和通胀，因此本书选取银行间同业拆借利率作为市场利率（i_t）。在产出方面，鉴于国家统计局公布的国内生产总值（GDP）为季度数据，频率过低，因此本书采用经济研究的一般做法，使用月度工业增加值增速来反映产出的增长情况。本书利用定基期消费者物价指数（CPI）去除价格因素后得到实际产出，并计算出实际产出同比增速（y_t）。本书所使用的通胀率数据（π_t）为国家统计局公布的同比CPI减去100。在实证过程中，为了去除产出增速和通胀率序列中的季节性因素，本书对它们进行了X－11季节调整。在样本选择方面，鉴于2000年前后我国中央银行对货币政策制定原则做出了显著调整，一些直接调控工具被逐渐放弃（如1998年后不再进行贷款规模管理①），同时2000年后利率手段的运用也更加市场化，因此为了更好地反映我国近年来货币政策

① 见中国人民银行文告《1998年01期关于改进国有商业银行贷款规模管理的通知》。

的特点，为当前货币政策制定提供参考，本书选取的样本期为 2000 年 1 月到 2012 年 6 月，采用月度数据，数据来源于 CCER 数据库[①]。各序列统计特征见表 4－1。

表 4－1　　　　变量基本统计特征

	均值	标准差	偏度	峰度	JB	ADF
i_t	2.5469	0.8451	1.0829	4.7743	48.66***	−2.66*
y_t	0.0006	0.0319	0.7696	5.6363	57.86**	−2.30
π_t	2.3248	2.4699	0.5012	2.5126	7.71**	−2.25

注：* 表示在 10% 的显著性水平下显著，** 表示在 5% 的显著性水平下显著，*** 表示在 1% 的显著性水平下显著；JB 为检验样本是否服从正态分布 Jarque-Bera 统计量；ADF 为检验各序列中是否存在单位根的 Augmented Dickey-Fuller 统计量。

从表 4－1 可以看到，在 5% 的显著性水平下，利率、产出增速和通胀率序列均为 I（1）过程。下文在对三者进行回归建模时［见式（4－14）］，必须保证这三个变量之间存在协整关系，否则，若协整关系不存在，就有可能出现虚假回归的问题。

（2）非线性检验与门限变量选取

在建立货币政策反应规则的非线性模型之前，我们通过以下步骤对非线性存在性进行检验：

1）按照门限变量序列的升序对利率、实际产出增速和通胀率进行重新排序，得到 $\{i_{(k)},k=1,2,\cdots,n\}$、$\{y_{(k)},k=1,2,\cdots,n\}$、$\{\pi_{(k)},k=1,2,\cdots,n\}$，其中 n 为时间序列的长度。

2）利用排序后序列的前 m 个观测值对回归方程式（4－12）进行估计，然后在此基础上对第 $m+1$ 个数据 $i_{(m+1)}$ 进行预测，得到 $\hat{i}_{(m+1)}$，并计算出预测残差 $R_1 = i_{(m+1)} - \hat{i}_{(m+1)}$。

3）利用上一步的方法对前 $m+1$ 个、$m+2$ 个、…、$m+n$ 个样本进行相同的操作，并得到相应的预测残差 R_2、R_3、…、R_{n-m}。

① http：//www.ccerdata.com.

4）求序列 $\{R_k, k = 1,2,\cdots,n - m\}$ 的标准差 σ ，从而得到标准化预测残差序列 $\{R_k/\sigma, k = 1,2,\cdots,n - m\}$ 。

5）利用与回归方程式（4－12）相似的方式建立如下回归式：

$$\frac{R_t}{\sigma} = \underline{\mu} + \underline{\varphi} y_{(t+m-1)} + \underline{\psi} \pi_{(t+m-1)} + \underline{\rho} i_{(t+m-1)} + \underline{\nu}_t \tag{4-15}$$

6）构造 F 统计量：

$$F = \frac{\left[\sum_{k=1}^{n-m}\left(\frac{R_k}{\sigma}\right)^2 - \sum_{k=1}^{n-m}\underline{\nu}_t{}^2\right]/l_1}{\sum_{k=1}^{n-m}\underline{\nu}_t{}^2/l_2} \tag{4-16}$$

式中，l_1 和 l_2 为 F 统计量的自由度，l_1 等于回归参数个数加1，本书中为5，l_2 等于样本量减去回归参数个数，文中为 $n - m - 4$ 。

本书取 $m = 35$ ，分别选取产出增速和通胀率作为门限变量，利用上述非线性检验方法进行循环回归后得到序列 R_{k1}（利用产出增速所得）和 R_{k2}（利用通胀率所得），在此基础上得到 F 统计量分别为 $F_1(5,115) = 2.36$ 和 $F_2(5,115) = 1.46$ 。与5%显著性水平下 F 分布的临界值2.29相比可见，以产出增速为门限所建立的模型确实存在着非线性特征，而以通胀率为门限所建立的模型则不存在非线性特征。这样的结论说明，产出增速确实是我国货币政策动态调整的参考变量，与通胀率相比，更适于作为门限回归模型的门限变量。我们需要指出的是，在每一步的回归过程中，本书均利用EG检验法对所研究的时间序列进行协整性检验，结果表明当期利率与上一期产出增速、通胀率和利率之间均存在协整性。

（3）门限估计

在前文检验的基础上，我们进一步对货币反应规则转换的产出增速门限值进行测定，步骤如下：首先，与上文方法相同，仍将各序列按照通胀率的升序进行重新排列；其次，将重排后的第 $h+1$ 个产出增速水平作为门限，对前 h 组样本建立如式（4－14）所示的回归式，同时记录此时产出增速回归系数的 t 统计量，显然，由于 $y_i \leqslant y_{h+1}$（$i \leqslant h$），因此此时的回归式与式（4－12）是相同的；最后，将研究窗口向后滑动，依次考虑从第2个到第 $h+1$ 个，从第3个到第 $h+2$ 个样本，…，直到样本最后，从而得

到 t 统计量序列 $\{t_k, k = 1, 2, \cdots, n - h\}$。

我们仍取窗口长度 $h = 35$，通过以上步骤得到的 t 统计量序列如图 4－14所示，每步回归所用序列都通过了协整性检验。从图 4－14 可以看到，产出增速的显著性水平呈现较为规则的上下波动。其原因在于，虽然从整体上看，数据之间的回归关系具有较为明显的非线性特征，但在各门限之间，数据之间的回归关系是线性的。因此在回归样本逐渐增加，并接近某一门限水平的过程中，随着同一线性区间内样本数量的增加，通胀率的显著性水平稳步提高；而一旦超过该门限，随着样本量的不断增大，不同区间样本数量增加，通胀率回归系数的显著性水平就会出现显著下降，因此就可以将 t 统计量的局部最高点作为产出增速门限。在 Tsay（1989）中，t 统计量的计算与上一小节中的第三步相同，这会使在门限值逐渐增大的过程中，所研究样本内包含的不同状态样本不断增加，从而使计算准确性降低。而在本书所使用的计算方法中，由于在增加新样本的同时剔除了最早的样本，这就使所考察的样本中包含的不同状态样本始终较少，因此与 Tsay（1989）相比，我们所采用的方法具有更高的计算精度。

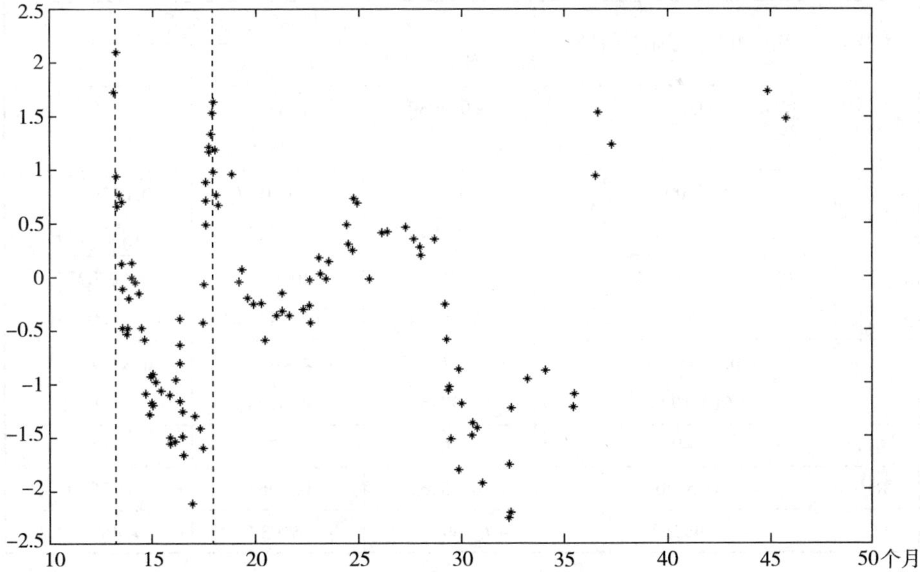

图 4－14　工业增加值增速门限序列回归 t 统计量

从结果来看（见图 4 – 14），产出增速显著性水平在 13.2942% 和 17.9923% 处达到局部最大，因此我们将其作为门限值，这样就将我国货币政策反应规则划分为低增长区、温和增长区和高增长区。

(4) 实证结果

基于前文获得的门限值，我们逐段建立货币政策反应规则回归模型，估计结果如表 4 – 2 所示。从表 4 – 2 可以看到，线性模型和非线性模型中，前期产出增速和前期通胀率对利率的回归参数均为正值（具有显著性的回归参数），与本书理论部分推导结果一致。两模型相比，非线性模型在三个区域的拟合效果比线性模型显著提高（R^2 值）。同时，非线性模型更清晰地显示出了各区间货币政策反应程度的差异：线性模型中，产出的反应系数不显著，没有反映出前期实际产出增速变动对当期货币政策的影响，而引入非线性模型后，这种影响在低增长和高增长两个区域显著体现；通胀率的反应系数在线性模型中高度显著，而在非线性模型中，却只在温和增长区域具有显著性。

表 4 – 2　　　　产出增速门限回归结果

	线性模型参数估计结果	门限回归参数估计结果		
		低增长	温和增长	高增长
常数项	0.7387*** (4.0378)	–0.3980 (–1.2754)	1.3843 (1.4876)	
y_{t-1}	–0.0023 (–0.4801)	0.0404* (1.8354)	–0.0117 (–0.2220)	0.0139*** (4.2754)
π_{t-1}	0.0750*** (3.4286)	0.0131 (0.1647)	0.1086*** (3.1420)	–0.0257 (–1.0988)
i_{t-1}	0.6595*** (10.1928)	0.9777*** (4.9725)	0.4599*** (4.0908)	0.8494*** (19.2958)
样本数	149	36	52	61
R^2	0.5260	0.7536	0.5962	0.7860
EG	–13.9926***	–7.1699***	–8.5093***	–7.4088***

注：表中括号内为估计参数的 t 统计量；*、***分别表示在 10%、1% 的显著性水平下显著。

我们从表 4 - 2 可以看到，一方面，在低增长和高增长时期，中央银行的利率调节更直接地体现为对实际产出变动的响应，将稳定产出视为“当务之急”，由此也可以看到“稳增长”在我国货币政策制定中的重要性。在温和增长区域，通胀对利率的回归系数高度显著，产出增速的回归系数不显著，这说明当产出增长维持在一个比较合理的区间时，货币政策才更趋向于对通胀的调节。当然，这并不是说在低增长区域和高增长区域中央银行货币政策的调整无视通胀因素，由于产出增速过快时通胀水平一般也较高，而产出增速较低时通胀率也往往较低，甚至出现通缩，因此在这两个区域货币政策会同时对产出和通胀两个方面进行调节，只不过中央银行在政策制定时会更多地参考产出目标。

另一方面，对比低增长区域和高增长区域可以看到，高增长区域中产出增速对利率的影响显著性更高，这从一个侧面为货币政策在经济调节中“缰绳”的作用提供了证据。然而，在低增长区域产出的回归系数大于高增长区域，这也说明我国货币政策调节中的确存在非对称性，即国家对经济增速过低的重视程度超过经济过热。以 2007—2008 年这一调息周期为例，2007 年我国经济出现了过热的势头，加上国际商品价格上涨不断推高国内物价，人民银行开始频繁动用货币政策，从 2007 年 3 月到 12 月的 10 个月内先后 6 次上调基准利率，累计上调 1.35%。随后，国际金融危机爆发，为延缓经济下行趋势，人民银行在 2008 年 9 月到 12 月短短 4 个月间连续五次降息，累计下调利率达到 2.16%，其中 2008 年 11 月一次性下调利率 1.08%，创下近十年来的最大降幅。

4.4　本章小结

本章研究了美联储提出并率先实施的量化宽松货币政策对实体经济和金融市场的影响作用，同时也研究了中国货币政策的目标反应函数，即中国货币政策对通胀和产出变动的非线性反应规则，得到以下结论：

（1）量化宽松货币政策稳定了几乎崩塌的金融市场，资本市场价格对此做出迅速反应。

（2）实体经济对量化宽松货币政策刺激的反应时滞明显缩短至 0 ~ 3 个月（过去，发达国家 GDP 水平达到最高点通常需要 1 ~ 2 年，中国的时滞稍短，但也需要 8 ~ 10 个月）。每一轮量化宽松货币政策的宣布都会先引起价格层面的上涨，随后产生预期的改善，最终带动实体经济短暂反弹。

（3）量化宽松货币政策对中美两国经济的促进作用持续期都不到 1 年，并不能推动经济的长期稳定增长，短期脉冲响应较为明显。

（4）中国货币政策对通胀和产出变动的反应体现出典型的非线性特征，即在低增长和高增长时期，人民银行的利率调节更直接地体现为对实际产出变动的响应，将稳定产出视为当务之急；而在温和增长时期，货币政策才更趋向于对通胀的调节。这与人民银行"以稳定币值为首要责任"的经典理论并不完全符合。

下　篇

中国地方政府债务问题

第 5 章　中国地方政府债务问题概述

本章对中国地方政府债务问题进行概述，讨论中国地方政府债务的形成过程、规模及构成、偿债能力、形成根源。第 5. 1 节介绍中国地方政府债务问题的背景；第 5. 2 节讨论中国地方政府债务的形成过程、规模及构成、偿债能力、形成根源等相关问题；第 5. 3 节是本章小结。

5.1　研究背景

政府债务，又称公共债务，是由政府作为债务人，与债权人发生资金或实物有偿交换的一种债权债务关系，是政府用来弥补财政赤字、实现经济资源跨期配置、调控经济发展的重要金融手段。国外债务（外债）是一国政府需要偿还国外债权人的债务，而国内债务（内债）是一国政府需要偿还包括本国企业、机构、个人等国内债权人在内的债务。按照债务人的行政级别，又可以分为中央政府债务和地方政府债务，其债务人分别为中央政府和地方政府。中国地方政府债务，是中国地方政府作为债务人所举借的债务。

2007 年下半年美国次贷危机爆发后，为应对国内经济的下滑，中国推出了“四万亿元”经济刺激计划，并且实行积极的财政政策和宽松的货币政策，整个社会（包括居民部门、企业部门和政府部门）的杠杆率不断上升，债务规模迅速扩大。我们从各种融资工具加总的角度，对 2007 年以来中国全社会的债务状况进行比较分析。

从融资方式来看，债务主要体现为银行贷款、银行理财、债券、信托产品等工具。从统计数据来看，债务总额从 2007 年的 39. 5 万亿元扩张到 2014 年底的 146. 7 万亿元。各种债务融资方式都出现了快速增长，其中，银行贷款余额从2007年的26.2万亿元增长到2014年的81.7万亿元，债券余额从12.3万亿元增长到36.0万亿元，而信托余额更是从不到1万亿元剧增到14.0万亿元。整体的杠杆率也从2007年国际金融危机前的148.46%上升到2014年底的230.67%，形成了明显的"中国巨债"。

表5-1　中国主要债务构成及杠杆率　单位：亿元

年份	银行贷款余额	银行理财产品余额	债券余额	信托余额	债务总额	GDP	杠杆率（%）
2007	261691		123339	9600	394630	265810	148.46
2008	303395		151102	12200	466697	314045	148.61
2009	399685	17000	175295	20000	611980	340903	179.52
2010	479196	28000	201748	30404	739348	401513	184.14
2011	547947	45900	213576	48114	855537	473104	180.83
2012	629910	71000	237569	74705	1013184	519322	195.10
2013	718961	102100	300154	109100	1230315	568845	216.28
2014	816770	150200	360052	139800	1466822	635900	230.67

数据来源：Wind。

除了形成巨大的债务外，庞大的借贷需求还导致了货币供应的超发。不少人诟病中国的货币超发问题，认为人民银行没有遵循货币发行规则——外汇占款减少时减少货币供应量。但是，我们认为从货币内生理论来讲，并非人民银行主动超发债务，更多的是由于借贷需求过度而造成的"债务催生货币发行"。当然，人民银行的不完全独立性也有一定的因素。同时，中国有全球最高的储蓄率（约50%），使债务约束的阈值非常高。我们用传统的方法大致估算了中国超发的货币规模。

我们首先用国际金融危机以前的数据（2000—2009年）校准算出货币流通速度V。从图5-1我们可以看出，M_0的货币流通速度最低为6.81，最高为10.56，波动幅度较大，而M_1与M_2的货币流通速度都相对比较稳定，M_1的波动区间从1.53至1.91，M_2的波动区间从0.52至0.72。由此我们可以测算出：货币流通速度（M_1）的平均值为1.74，货币流通速度（M_2）的平均值为0.65。（M_0波动较大，本书不做研究）

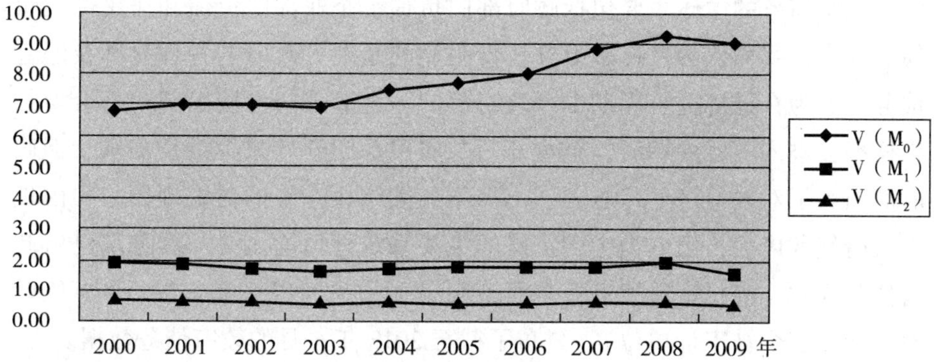

图5-1　货币流通速度走势

根据费雪公式：

$$PQ = VM \tag{5-1}$$

式中，P 为商品和服务价格，Q 为商品和服务供给数量，V 为货币流通速度，M 为货币供应量。由此可以得到与经济增长相适应的理想货币总量

$$M_d = M_s = M = PQ/V \tag{5-2}$$

我们可以算出经济增长需要的货币供应量。从图5-2中我们看到，狭义货币供应量 M_1 的实际发行量与理论值相差不大，但广义货币供应量 M_2 的实际发行量远超过费雪公式计算出的理论值。以2014年为例，理论的广义货币供应量 M_2 为98.5万亿元，而实际发行的广义货币供应量为123万亿元，货币超发约24.5万亿元。

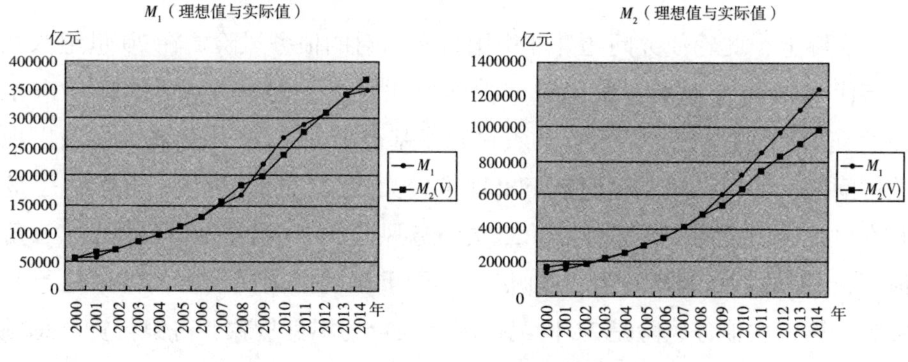

图5-2　货币供应量的实际发行量与理论值

我国债务的主体主要包括政府部门负债、企业部门负债和居民部门负债。其中，我们认为杠杆率上升较为明显的是地方政府的各种显性及隐性债务，因为在经济上行周期中，政府部门、企业部门与居民部门都会增加杠杆率；进入下行周期后，企业部门与居民部门开始减少借贷需求，但政府部门为了对冲经济下行压力，不得不继续维持一定的借贷规模。中国地方政府债务风险，已成为中国经济的主要系统性风险之一。国务院已就政府债务问题，委托审计署进行全面摸底（含中央、省、市、县、乡五级政府，四万多个被审计单位），公布了截至2013年6月的政府债务数据。

5.2 中国地方政府债务分析

基于从各方获取的公开统计数据，本节将从形成过程、规模及构成、偿债能力、形成根源等多个方面，对中国地方政府债务进行详细深入的分析。我们将回顾中国地方政府债务的形成过程，分析目前中国地方政府债务的总额及构成状况，并对地方政府的财政收入、政府性基金收入、国有企业净资产、国有非经营性资产以及资源性资产等偿债来源的状况进行详细探讨，讨论地方政府的偿债能力及系统性债务风险爆发的可能性，最后探讨地方政府形成过高债务的根源。

5.2.1 地方政府债务形成过程

实际上，此轮债务问题并非中国首次面对的债务风险。在20世纪八九十年代和2000年前后，中国曾三次面对比较严重的债务风险。第一次是20世纪80年代全国普遍设立的农村合作基金会，至90年代各地普遍出现兑付问题，四川、河北等地甚至出现了较大规模的挤兑风波，并酿成了危及农村社会稳定的极端事件。第二次债务风险是20世纪90年代的“三角债”，当时的坏账规模约为2000亿元，严重影响了国民经济的健康运行和发展。第三次债务风险是21世纪初国有银行的不良贷款，占银行资产总额的三分之一以上，在银行改革中从四大国有商业银行剥离到资产管理公司的不良资产约有1.4万亿元。对于上述三次债务风险，中国政府通过财政补助、债务清算核销、剥离不良资产、国家注资、引入战略投资者、整体上市等方式处理并化解了债务危机。如今，中国再次面对类似困难，如何化解债务风险成为大家广泛探讨的问题。在中国已经融入了全球经济产业链的大背景下，需要考虑新的解决思路。

地方政府深度介入地区经济建设是“中国特色”之一，并被认为是过去 30 年中国经济奇迹的原因之一，但此为“双刃剑”，这一特色也是当前中国经济的系统性风险之一。在法理层面以及财务约束均未健全的前提下，地方政府拥有的大规模调动经济资源的能力和对经济建设的干预，导致了巨大的资源错配，并最终形成了大规模的政府债务。虽然地方政府干预经济的弊端一直存在，但由于中国《预算法》规定地方财政预算不得开列赤字，在国际金融危机以前地方政府的债务不算太高，中国财政部财科所的统计数据显示：2004 年地方政府债务余额为 1.08 万亿 ~ 1.2 万亿元，2007 年地方政府债务余额在 4 万亿元左右。但国际金融危机发生后，2008 年中央政府推出了“四万亿元”经济刺激计划，各地方政府纷纷成立了总数约 11000 家的各类平台公司，作为独立公司法人，绕开地方政府不得开列赤字的限制，为当地基础设施项目及工业投资筹措资金。起初这些公司依赖银行贷款，后来则开始通过发行债券、信托产品甚至建设—移交（Build-Transfer，BT）、融资租赁、城市发展基金等多种方式融资。这使地方政府的债务构成越来越复杂，并且难以准确统计和有效管控。

5.2.2　地方政府债务规模及构成

中国地方政府债务的构成主要有五个部分：银行贷款、地方政府债、融资平台债券（包括城投企业债和城投中票）、地方政府信托融资和地方政府 BT 融资。从审计署公布的截至 2013 年 6 月的政府债务数据来看，全国各级政府负有偿还责任的债务 206988 亿元，负有担保责任的债务 29256 亿元，可能承担一定救助责任的债务 66504 亿元，合计 302748 亿元。其中，地方政府负有偿还责任的债务 108859 亿元，负有担保责任的债务 26655 亿元，可能承担一定救助责任的债务 43393 亿元，合计 178907 亿元。而根据我们多年的金融机构从业经验可知，部分数据的采集存在模糊性，这一结果可能在一定程度上低估了真实的债务规模。例如，对于政府债务组成部分的后三块，从我们收集到的数据来看：融资平台债券（包括城投企业债和城投中票）保守统计为不低于 30000 亿元，高出审计署公布的 18457 亿元至少 11543 亿元；Wind 数据库显示的地方政府信托融资为 23910 亿元，比审计署公布的 14252 亿元高出了 9658 亿元；地方政府通过 BT 方式吸收社会资金的量也比较大，但这部分数据无法取得，我们通过地方基础设施投资额及草根调研匡算得出，约有 5.26 万亿元①。因此，按我们的数据估算，中国地方政府的债务总额应该在 25.92 万亿元左右。根据我们对各种融资成本的保守估算，每年需要的利息开支超过 1 万亿元。

表 5－2　　中国地方政府债务余额　　单位：亿元

	审计署数据	融资平台债券差值	地方政府信托融资差值	地方政府 BT 融资	合计
债务额	178907	11543	9658	约 52600	252708

从各种融资渠道取得资金的来源来看，最后大部分仍来源于银行系统，这使中国银行业出现系统性风险的概率大幅度上升。美国次贷危机的根源是 21 世纪初联邦储备当局过度宽松的货币政策与金融业自我创新结合所造成的金融体系过度杠杆化，而中国发生债务危机的风险并非来自金融系统的自我膨胀，而是来源于中国特色的“政府＋金融”的增长方式。中国宽松的货币政策和政府对金融资源的绝对控制相结合的必然结果是，金融资源投入到政府主导的领域，而不是最能产生经济效益和社会效益的领域，这使借债投资往往变得不可持续。具体而言，国际金融危机后，大量的地方政府负债被用于进行铁路、公路、城市基础设施（“铁公基”）项目②及钢铁、太阳能、光伏等一些产业投资。

---

① 大致匡算方法为：BT 项目一般期限为 3 年，我们先根据国家统计局的数据统计出 2012—2014 年地方项目总投资额约为 84.20 万亿元，其中基础设施建设约占 25%，即 21.05 万亿元；根据我们的调研，大致有 1/4 的地方政府项目是通过 BT 方式进行建设的，因此我们判断约有 5.26 万亿元。

② 按照国家统计局的现行划分，基础设施主要由以下四个方面构成：交通运输、仓储与邮政业；水利、环境与公共设施管理业；电力、燃气与水供应业；信息传输业。

投资作为 GDP 的组成部分，当然能够带动经济增长。但投资分为有效投资和无效投资，不能取得合理投资回报率的投资被定义为无效投资。无效投资可以增加当期 GDP，却无法推升生产可能性边界，而以过剩产能的形式形成经济中的肿瘤。通过我们的调研发现，政府主导的投资中相当部分为低效及无效投资，“铁公基”项目的投资收益率本身就非常低，有的甚至是公益性的；而很多产业投资由于各行业的产能严重过剩（根据世界银行的相关研究报告，中国的产能利用率目前只有 60% 多，远低于国际金融危机前的 80%），利润率下滑得非常明显，甚至亏损。通过分析，我们在表 5 – 3 中列出了地方政府主导投资的几大方向及其可能的盈利情况，从列出的情况来看，大部分的投资收益都无法覆盖债务及其利息支出，这的确会大大增加地方政府债务到期的偿还压力。

表 5 – 3　　地方政府主导投资方向及盈利情况

地方政府主导投资方向	可能的盈利情况
一级土地开发	盈利
保障房	微利或无利
产业园区、新城区	不确定
路桥、污水处理、垃圾处理等市政配套	亏损
地铁、城铁	亏损
楼堂馆所	无产出

在这种情况下，地方政府债务的风险有多大，如何通过合理的措施保障不发生系统性债务风险的确值得我们深入分析和探究。接下来，我们将详细分析地方政府有哪些资产可以用于偿还债务，进而评估中国地方政府的债务风险。

5.2.3　地方政府偿债能力分析

关于地方政府的偿债能力，市场普遍认为地方政府财政收入、地方政府性基金（主要是土地出让金）收入是其最直接、最主要的偿债资金来源。但除了上述部分外，还需要考虑国有企业净资产、国有非经营性资产以及资源性资产等方面的状况，因为政府债务用于投资也形成了一定的资产，尽管其流动性较弱，变现能力较差，但在最终还债时，它还是会增强政府的偿债能力。因此，在本书中地方债务的可偿债资产包括以下五个方面[①]：（1）地方政府财政收入；（2）地方政府性基金收入；（3）地方国有企业净资产；（4）国有非经营性资产；（5）资源性资产。

（1）地方政府财政收入：主要包括税收收入、非税收入及中央税收返还和转移支付，其中税收收入主要包括国内增值税、营业税、所得税等，非税收入主要包括行政事业性收费收入、专项收入、罚没收入等。2013 年地方政府财政收入合计约为 116988 亿元。但考虑到财政收入很多是必要的公共支出，其需要做到收支大体平衡，因此实际上能用于偿还债务的额度不大，如 2013 年地方政府财政支出约为 119272 亿元，支出规模略大于其收入。

表 5－4　　2013 年地方政府财政收入及构成　　单位：亿元

收入类别	本级收入	中央税收返还和转移支付	合计
金额	68969	48019	116988

（2）地方政府性基金收入：是指地方政府及其所属部门根据法律、行政法规和中共中央、国务院文件规定，通过向社会征收基金、收费，以及出让土地、发行彩票等方式取得的收入，其中土地使用权出让收入是最主要的构成。2013 年的地方政府性基金收入为 48007 亿元，其中土地使用权出让收入为 41250 亿元。

（3）地方国有企业净资产：是指地方政府持有的国有企业总资产减去其负债。尽管正常情况下偿债不会用到该部分资产，但也不排除在必要的时候通过出让地方政府持有的国有企业股权来偿还债务。根据国务院发展研究中心的数据，截至 2010 年底，国有企业总资产为 64.02 万亿元，国有资产总量为 18.54 万亿元[②]，其中地方政府持有的国有企业净资产为 99001 亿元（赵昌文，2013）。经过过去三年的增长，该部分资产应在 10 万亿元

① 地方政府债务数据截至 2013 年 6 月，由于财政收入等需要全年数据，为了更具有可比性，这部分数据均截至 2013 年底。

② 国有资产总量是指属于国家所有的净资产部分。

以上。

（4）国有非经营性资产：是指行政事业单位所持有的资产，如政府行政大楼、教育机构、医疗机构等所持有的资产。我国的这部分资产规模较大，当然不到迫不得已之时，绝大部分国有非经营性资产不会用于偿还债务。但近年来通过借债兴建的一些超标、超规定的楼堂馆所、办事机构场所等应该按照相关规定出售，以用于偿债。近来已有人提出这类观点①。国有非经营性资产的估计数据来自《中国会计年鉴》，据其统计这部分资产规模约为 8 万亿元。

（5）资源性资产：这一部分资产主要是指根据国家法律规定属于国家所有的经济资源，如国有土地、森林、矿产等。李扬等（2012a）对中国资源性资产中的国土资源总价值进行了估算，认为这一部分价值约 44. 3 万亿元，这是地方政府未来卖地可得到的最大收入。

表 5 – 5　　地方政府可偿债资源及构成　　单位：亿元

可偿债资源	价值
地方政府财政收入	116988
地方政府性基金收入	48007
地方国有企业净资产	约 100000
国有非经营性资产	约 80000
资源性资产	约 443000
合计	约 787995

在厘清了地方政府各种可偿债资产价值后，我们将这五个方面的价值相加，可得出地方政府的最大偿债能力，约为 78. 8 万亿元。从这个角度讲，地方政府的“负债/资源”指标约为 32. 1%，在理论上地方政府债务还没有达到资不抵债的风险临界点。

但是，资源性资产存在变现能力及流动性的难题，而国有非经营性资

① 2013 年 8 月，许小年对《财经网》记者表示：目前来看地方债务问题很严重，地方政府花钱没有约束，导致债务过重，而短期来看通过出售地方政府的国有资产还债不失为一种解决办法。

产的出卖也不单单是一种经济行为，如果扣除这两者，地方政府的资产负债率就会迅速上升至95.4%，当还债高峰来临时，将出现严重的流动性风险与支付风险。

如果再进一步看“负债/收入”指标，可以算出2013年地方政府的总收入（包括财政收入、基金收入）为164995亿元，因此其“负债/收入”指标高达153.2%。从这个角度来看，当短期地方政府债务大量到期时，其债务偿还存在着巨大的期限错配风险。

由于地方政府的债务大部分都属于中短期负债，当地方政府收入不足以偿还全部债务时，资产的处置和变卖又需要一定的时间周期。因此中央和地方政府应当高度重视这一问题，以避免出现债务偿还的流动性风险、资产错配风险、部分地区违约风险等叠加效应导致的地方政府债务支付危机。

5.2.4 地方政府债务形成根源

从以上分析来看，地方政府出现资不抵债风险的可能性不大，但其债务偿还的确存在流动性风险和部分地区的违约风险，蕴藏着较大的地方债务信用危机。我国地方政府债务迅速攀升既有宏观经济环境变化的外部因素，也有公共治理缺陷的内在原因。我们将其归结为以下几点：

第一，在国际金融危机的大环境下，主要市场经济体的政府均扮演了最后拯救者的角色，特别是主要中央银行的非常规宽松货币政策与危机时期对部分金融机构暂时国有化的举措，这种非常态的政府行为加强与激发了中国各级政府进一步直接影响和参与经济活动的冲动。过去几年宽松的货币政策提供了巨额流动性，从源头上起到了推动超规模投资的作用，而投资的资金大部分来源于银行贷款、企业债券、信托等债务融资方式，这势必会造成地方债务的迅速攀升。因此，近年来资产负债率上升最快的便是政府及国有企业。此外，我国政府和国有企业已经扮演了过重的经济角色，严重削弱了市场机制的建设，而且政府与国有企业投资还严重挤压了私人部门的投入。

第二，过去几年快速增长的财政收入，特别是土地价格快速上涨使地方政府形成了“扩张性心态”。过去的五年里，政府财政收入每年都保持了20%以上的增速（除了2015年），部分地方甚至高达30%～40%的增长幅度。这使地方政府养成了“敢于花钱、勇于花钱”的习惯。但随着经济增长水平的下行，地方政府并未及时调整思路，仍试图通过举债来维持GDP政绩，这也是在2010年国务院发布地方政府债务总量为10.4万亿元并通过一系列政策限制地方融资平台后，地方政府债务扩张仍未得到有效遏制的原因。

第三，中国政府结构的制度安排也是地方政府过度负债的一个根源。由于我国是单一制的政府体制，地方政府是中央政府的“分公司”，并非财务独立的“法人单位”。因此，当前的地方政府存在极为严重的预算软约束。对地方主官而言，他们扮演着典型的“政治企业代理人”的角色，其目标往往是当前政绩的最大化，而高负债则是推动GDP增长、立即见效的不二方法；对债权人而言，他们则认为地方政府债务隐含了中央政府的背书，中央政府不会坐视地方政府破产。实际上，地方债务的迅速扩张也是在透支中央政府信用。这一点需引起中央政府的高度重视。而且，现有银行体制也是其中一个重要原因，银行几乎全为国有，在中国极强的“政治经济学”环境下，银行自然对国有企业、地方平台公司全力支持，而不愿对以中小企业为主的民营企业发放贷款。

第四，地方政府融资的决策机制问题也是造成地方政府过度负债的重要原因。当前，地方政府融资行为基本上由书记、市（县）长拍脑袋决定，国内市场有形象的说法“书记是董事长、市长是总经理”，本应具有监督、问责权利的地方人大却形同虚设，整个决策流程被主观的意志左右，这使很多地方政府的融资行为并没有、也难以进行事前充分论证。

第五，地方政府财政状况的不透明极大地助长了各利益相关方的道德风险，从而加剧了地方当局的过度负债。地方债务的不透明直接导致了多方面的信息不对称：中央政府不了解地方政府的真实负债规模，地方政府难以掌握所有下属部门的债务负担与结构，市场投资者与金融机构不能确定地方债务的总体风险，负债机构不了解内部人的败德行为。这些因素的综合效用大大恶化了地方政府的真实负债情况。

5.3 本章小结

本章对中国地方政府债务问题进行了概述，讨论了中国地方政府债务的形成背景及过程、规模及构成、偿债能力等方面，得到以下结论：

（1）庞大的借贷需求导致了货币超发。从货币内生理论来讲，并非人民银行没有遵循外汇占款减少时减少货币供应的货币发行规则，主动超发债务，而更多的是由于借贷需求过度而造成的“债务催生货币发行”。不过，中国有全球主要国家中最高的储蓄率（约50%），这使中国债务约束的阈值非常高，风险总体可控。

（2）地方政府的债务总额占GDP的比重在全球范围内来看并不算最高，但近年来上升过快，不可持续。

（3）综合考虑地方政府的财政收入、政府性基金收入、国有企业经营收益、国有企业净资产、国有非经营性资产、资源性资产等偿债来源，以及中央政府隐性担保和部分补偿的状况，中国地方政府出现资不抵债风险的可能性不大，但由于许多项目投资收益低下，资产负债期限错配，存在较大的流动性风险与支付风险。在特殊情况下，部分地方债务可能会发生信用违约。地方政府债务这一问题如果处理不当，将引发中国的系统性金融震荡。

第 6 章　地方政府债务与中央政府救助

本章建立了关于中国地方政府债务的第一个理论模型，讨论在中国的体制背景下，中央政府对地方政府债务违约的救助和这种救助行为所传递的信号如何影响地方政府借债行为，从中央政府和地方政府相互作用影响的角度解释了地方政府高负债问题形成的原因。第 6.1 节阐述模型的基本含义和特点；第 6.2 节建立模型并推导相关结论；第 6.3 节是本章小结。

6.1　模型含义和特点

根据前文分析，中国地方政府高负债的根本原因之一是中央政府对地方政府负有隐性担保（Implicit Guarantee）和最终救助（Bailout）的责任。这种隐性担保和救助破坏了正常市场纪律的有效约束，扭曲了地方政府的激励和借债行为，导致地方政府将违约风险和偿债成本转移给中央政府。中央政府的救助具体如何影响地方政府借债行为，中央政府应当如何选择政策，使这种扭曲最小化，本章建立了关于中央政府和地方政府博弈的理论模型，回答了上述问题，解释了导致地方政府高负债的两类原因。

模型共有三期。在模型中有三类参与主体：中央政府、地方政府、投资者。地方政府向投资者借债，获得融资并用于公共支出，同时在下一期使用财政资金进行偿还。由于下一期财政资金金额是不确定的，因此当财政资金小于需要偿还的债务金额时，地方政府就会被迫违约。违约在短期内会对经济造成冲击。中央政府为了避免短期经济波动，可能会采取对违约的地方政府进行救助的政策。但是，中央政府事后（ex post）的救助行为本身是重要的政策信号，会提升地方政府对未来违约时获得中央政府救助的预期。从事前（ex ante）的角度看，这意味着地方政府发债将不再谨慎，债务规模呈现爆发式增长。即便是原本借债相对谨慎的地方政府，在接收到上述信号后也会开始过度借债。因此，中央政府的救助在短期内规避了经济波动，但却助长了长期系统性风险的积累和爆发。

中央政府事前需要表态是否担保地方政府债务，并且在事后发生实际违约时决定是否采取救助措施。模型的分析表明，从长期来看，为了避免地方政府过度借债，中央政府应当释放连贯透明的政策信号，不断表明自己不会进行救助的立场，并且在实际发生违约时采取前后一致的行为，不进行任何救助，这有助于正确引导地方政府预期，促进地方政府发债行为的市场化。但是，在有限期内，中央政府始终做出不进行救助的坚决表态未必是最优的。原因在于，这种表态锁死了未来政策变化的空间。一旦救助政策改变，中央政府信誉将遭受重大损失，未来想进一步控制地方政府债务规模将变得困难。相反，在无法确定地方政府债务的具体影响时，刚开始采取模糊不清的政策立场、之后再不断缩紧政策也许是更优的选择。原因是给未来政策变革提供了一定的灵活性。

除了不恰当的救助行为所释放的信号刺激了地方政府的借债动机外，本模型的研究进一步表明，当中央政府选择救助或者不救助取决于短期违约损失和长期系统性风险累积这两者之间的权衡时，地方政府会将债务规模的选择作为一种主动策略，内生影响中央政府事后救助的概率，主动诱导中央政府对违约地方政府进行救助。这种情况下，经济中可能存在多重均衡，债务规模可能发散式增长。

当模型拓展至多个地方政府的情形时发现，由于预期中央政府救助的概率将由所有地方政府整体的借债规模内生决定，因此，对于单个地方政府，偏离其他地方政府所选择的债务规模将是不理性的、非效用最大化的。所以，地方政府在借债行为上会互相效仿，部分地方政府的过度借债行为，可能演变为全局的、所有地方政府的过度借债行为。这种情况下，个体预算软约束问题并不存在，中央政府应当从整体上对地方政府债务规模和系统性风险进行控制。

从信号机制的角度来看，本模型与合约理论（Contract Theory）中有关信号（Signaling）的文献有一定关联。这一领域的文献，比如经典的

Spence（1973）、Kreps 和 Wilson（1982），多数是在委托—代理模型（Principal-Agent Model）的框架下，研究当委托人掌握某种代理人希望得到的信息，但这种信息又无法直接传递给代理人时（Hidden Information），委托人如何通过采取某种行动并让代理人观察到，传递正确的信息，激励代理人采取正确的行为。这类文献的关注重点，包括代理人如何修正预期、如何达到正确的均衡（观察到委托人的行为后，代理人的预期和委托人的实际信息相符合）等问题。本模型与 Spence（1973）等人的模型的不同之处在于，本模型并不侧重于讨论可能出现的复杂的多重均衡以及通过何种机制筛选出正确的均衡，而是侧重于讨论不同均衡下地方政府的行为，以及中央政府可以通过怎样的多期政策，控制地方政府债务规模的增长。

6.2　模型与理论推导

本节会首先介绍模型的基本框架和假设，然后重点分析中央政府的救助行为和这种救助行为所传递的信号如何影响地方政府借债行为，地方政府又如何通过借债行为来影响中央政府救助政策的选择。

6.2.1　模型设定与分析

模型共有三期，分别为 $t = 0,1,2$。经济中共有三类主体：投资者、地方政府、中央政府，均生存于三期。简便起见，各类主体的效用跨期折现系数均为1，它们在各期的行为如图6－1所示。

在中国经济的实际情况中，地方政府债务融资的主要渠道是银行。前文已指出，地方政府违约可能导致银行体系系统性风险爆发，而且由于金融机构的特点，这种系统性风险事件可能会对经济体系产生非线性负面冲击。这一问题，将是第7章理论模型二主要讨论的问题。在模型一中，为了将问题聚焦在地方政府债务问题的第一个环节，即为什么会出现地方政府高负债问题，我们暂时不设定独立的银行部门。在模型一中，我们用投资者来代替消费者和银行这一整体，即投资者既是债务资金的提供者，又是最终产出的消费者。

	t=0	t=1	t=2
投资者（消费者/银行）	购买地方政府债券	获得地方政府偿债资金并消费；购买新一期的地方政府债券	获得地方政府偿债资金并消费
地方政府	发行地方政府债券并投资	获得财政收入，偿还上期地方政府债券；发行新一期的地方政府债券	获得财政收入，偿还上期地方政府债券
中央政府	事前宣布是否会对t=1期地方政府债务进行担保	若出现地方政府债务违约，事后决定是否进行救助；宣布不对未来地方政府债务进行担保	

图6－1　各期时间轴

投资者为风险中性，在 $t=0$ 期和 $t=1$ 期，他们可以投资于地方政府债券，地方政府债券将于购买后的下一期到期。与此同时，他们也可以按照1∶1的比例将资金持有至下一期。假设投资者市场是完全竞争的，那么投资者愿意投资于地方政府债券的条件是债券投资预期回报率为1。假设投资者有足够多的资金，在预期回报率为1时，愿意购买任意数量的地方政府债券。

地方政府 LG 在 $t=1$ 期和 $t=2$ 期各拥有随机的财政收入 e ，其分布范围是 $[e_l, e_h]$ ，无条件分布的概率密度函数是 $f(e)$ 。我们假设财政收入是外生的。在后文中，我们会考虑地方政府的异质性，根据其财政收入的高低，将地方政府分为好的地方政府和坏的地方政府（ LG^G 和 LG^B ，这里的好与坏只是针对财政收入的高与低，并不涉及“道德”层面的分析），并分析中央政府政策信号对不同地方政府的影响。目前在这里，暂时不做异质性的区分。

地方政府需要进行基础设施等公共领域的投资。由于投资项目的性质，这些工程的投资和建设必须提前一期开始。比如说，在 $t=0$ 期进行投资，到了 $t=1$ 期项目完工，才开始生产出消费品。由于 $t=0$ 期地方政府没有财政资金可供使用，因此必须发行地方政府债券，从投资者那里融资来进行建设。同时，由于地方政府投资的公共属性，我们假设地方政府不能提取投资项目的任何产出，因此所有偿债资金必须来源于地方政府的财政资金。在现实中，地方政府也许可以从公共投资项目中获得收益并将其用于偿还债务，但是只要部分偿债资金必须来源于财政资金，那么本模型这一假设就是合理的（如果预期收益能涵盖所有借债成本，那么理论上这些项目的投资可以完全交给私人部门，不需要地方政府发债来为项目融资）。所以，当 $t=1$ 期实际的财政收入低于需要偿还的债务金额时，地方政府将被迫违约。为了数学推导的简便起见，假设如果在偿还债务后有财政资金盈余，这些资金将被用于当期其他的非投资性公共支出项目，因此，如果地方政府希望在 $t=2$ 期获得投资产出，则必须在 $t=1$ 期进行新一轮的债务融资。从 $t=0$ 期到 $t=1$ 期和从 $t=1$ 期到 $t=2$ 期，外生的条件（比如财政资金的随机分布）和参与者的行为模式（比如效用函数形式）是一样的，不过由于中央政府政策信号的不同导致预期不同、参与者行为结果不同，这将在下一小节详细讨论。

以 $t=0$ 期到 $t=1$ 期为例。地方政府在 $t=0$ 期以价格 q 发行数量为 b 的地方政府债券。这些债券将在 $t=1$ 期到期，地方政府需要偿还 b 。当 $b\in[e_l,e)$ 时，地方政府将违约。当违约时，地方政府将受到来自中央政府的惩罚，惩罚将给地方政府带来效用 D 的损失（Dead-Weight Loss）。与此同时，如果违约，地方政府可能受到来自中央政府的救助，这将导致地方政府获得一个正的效用。具体而言，在 $t=0$ 期，地方政府的预期效用分为三个部分：投资产出的正效用、违约时受到惩罚的负效用、中央政府救助的正效用。地方政府根据其预期在 $t=1$ 期将获得的效用，决定其在 $t=0$ 期发行的债务规模。其预期效用函数如式（6-1）所示。

$$U(b)=(qb)^{\alpha}-\int_{e_l}^{b}f(e)\mathrm{d}e\times D+\beta\times\int_{e_l}^{b}(b-e)^{\gamma}f(e)\mathrm{d}e \quad (6-1)$$

式中，第一项 $(qb)^{\alpha}$ 为投资产出的效用，qb 为投资金额，也即发行债券所得到的所有资金。投资产出没有不确定性，因此 $0<\alpha<1$，即投资效用边际递减。我们后面会看到，关于系数 α 的这一假设非常关键，将导致好坏地方政府行为的差异。这一假设也符合现实情况：对经济落后的地方，基础设施落后，公共投资对于当地经济的拉动作用更加明显，边际产出高。相

反，对于经济发达地方，其投资的边际产出较低。第二项$\int_{e_l}^{b} f(e)\mathrm{d}e \times D$是违约时受到惩罚的负效用，积分代表了违约概率。$D$为常数，不随违约时的金额而变化，可以理解为只要违约，地方政府官员就会受到相应惩罚。第三项$\beta \times \int_{e_l}^{b} (b-e)^{\gamma} f(e)\mathrm{d}e$是违约时如果受到中央政府救助，地方政府的效应增加，这一效用可以理解为地方政府受到救助时，当地经济金融体系受到违约带来的负面冲击减小，也可以理解为地方政府官员受到的惩罚力度降低。β代表了地方政府事前预期受到中央政府事后救助的概率。积分代表了受到救助时效用的增加值。地方政府获得中央政府的救助资金$b-e$后，再将这些资金补偿给投资者。

地方政府的效用最大化问题是如下无约束优化问题：

$$\max_{b} U(b) = (qb)^{\alpha} - \int_{e_l}^{b} f(e)\mathrm{d}e \times D + \beta \times \int_{e_l}^{b} (b-e)^{\gamma} f(e)\mathrm{d}e \qquad (6-2)$$

注意到，式（6－2）中，第一项和第三项对b的导数均大于0，b的边际效用为正。当b增加时，地方政府投资产出增加，同时违约概率上升导致给定β的情况下，地方政府获得的救助力度也增加①。第二项对b的导数小于0，因为b增加导致违约概率增加，预期受到的惩罚增加。为方便起见，用$u1(b)$、$u2(b)$、$u3(b)$分别表示三项效用［其中$u2(b)$为第二项的负数，即违约惩罚损失的绝对值］。那么追求效用最大化的地方政府所选择的债券发行规模b满足：

$$u1'_{b}(b) + u3'_{b}(b) = u2'_{b}(b) \qquad (6-3)$$

式（6－3）即为地方政府债券的供给函数。此外，$u3'_{\beta}(b) > 0$。根据式（6－3）可以判断，当预期中央政府事后救助的概率上升时，地方政府在原债务规模下边际效用为正，因此地方政府会增加债务发行规模。

对于投资者，前文提到，投资者愿意在预期总回报率为1的情况下购买任意多的地方政府债券。投资者不会接受预期总回报率低于1的购买条

---

① 如果系数$\gamma<0$且足够小，那么b增加虽然会导致违约概率上升，但给定e，中央政府救助所带来的效用却减少，因此，给定e的分布，存在临界值$\gamma_{\min}$，当$\gamma>\gamma_{\min}$时，b增加导致效用函数中第三项增加。本模型假设$\gamma>\gamma_{\min}$始终成立。

件。因此，投资者对地方政府债券的需求函数为式（6－4）。

$$qb = [\int_{b}^{e_h} bf(e)\mathrm{d}e + \int_{e_l}^{b} ef(e)\mathrm{d}e] + \beta\int_{e_l}^{b}(b-e)f(e)\mathrm{d}e \qquad (6-4)$$

式（6－4）即为投资者对地方政府债券的需求函数。其中，中括号内的函数为正常市场经济条件下，投资者预期获得的债务偿还。最后一项代表了投资者预期因为中央政府救助而获得的额外赔偿。β 为中央政府救助概率，积分为投资者获得的剩余票面价值的赔偿。在这里，我们假设中央政府有足够的财力，能够负担起救助所需要的所有资金。可以看到，如果 β 接近于 1，债券价格 q 将趋近于 1，风险溢价趋近于零。

式（6－3）和式（6－4），即地方政府债券的供给函数和需求函数，决定了市场均衡条件下的地方政府债务规模和价格（风险溢价）。在 $t=0$ 期，如果预期中央政府事后救助的概率 β 上升时，给定价格，地方政府会发行更多债务，投资者也会愿意购买更多的债务，因此供给曲线和需求曲线都会向右移动。在新的均衡下，地方政府债务规模上升，但是债券价格上升或下降将取决于供给曲线和需求曲线变动的幅度，具体而言，从式（6－2）中可以看出，地方政府的债券供给曲线随 β 变化的幅度与 γ 有关。给定 β 变化幅度和其他参数，当 γ 越大时，供给曲线向右移动的幅度越大。当 γ 越小时，供给曲线向右移动的幅度越小。因此，当中央政府救助的预期概率上升时，可能出现如图 6－2 和图 6－3 所示的两种情况。

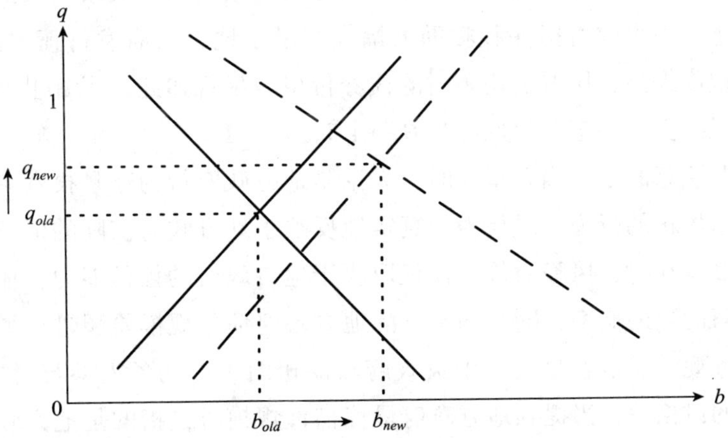

图 6－2　地方政府债券需求变化大于供给变化的情况

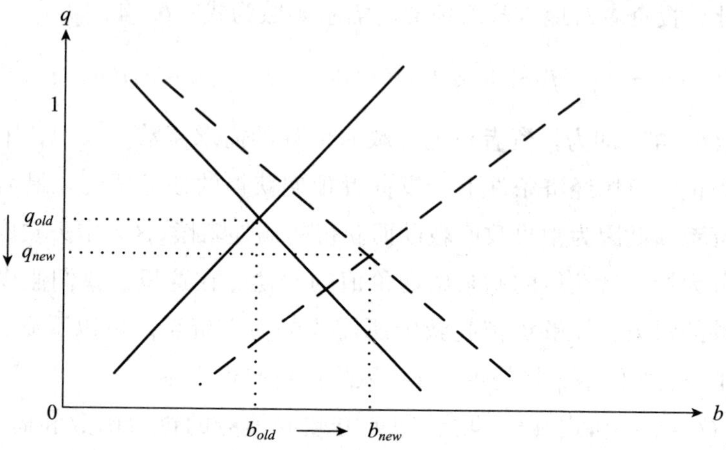

图 6-3　地方政府债券供给变化大于需求变化的情况

假定需求曲线与供给曲线变化导致债券价格不变的临界点为 $\gamma*$ 。那么，可以得到以下定理：

定理 6.1（债券市场扭曲）：当预期中央政府事后救助的概率 β 上升时，地方政府发行的地方政府债券规模 b 将上升。债券价格 q 的变化取决于供给和需求的变化幅度，当 $\gamma < \gamma*$ 时，债券价格 q 上升，当 $\gamma > \gamma*$ 时，债券价格 q 下降。

从直觉上，中央政府救助概率上升应当导致债券风险溢价下降，价格上升。出现价格下降情况的原因是，地方政府效用对中央政府救助的概率较为敏感，中央政府担保和救助大幅度刺激了地方政府发行债券的冲动，供给大幅度提高，压低了均衡时的债券价格。尽管如此，当 β 上升到足够高时，风险溢价一定会很低：当 $\beta \to 1$ 时，$q \to 1$ 。

需要注意的是，当 $\beta = 0$ 时，无论是地方政府行为还是投资者行为都是完全市场化的行为，风险溢价真实地反映了地方政府实际的债务违约风险。当 $\beta > 0$ 时，风险溢价不仅仅取决于地方政府的偿债能力，还取决于中央政府的救助概率，同时均衡下的地方政府债务规模要超过市场化条件下的债务规模。也就是说，中央政府救助扭曲了市场各方参与者的行为。在余下的讨论中，当提到地方政府最优借债规模时，指的是地方政府在不存在扭曲、完全市场化条件下的借债规模，并不涉及帕累托最优（Pareto

Optimality）或者福利最大化（Welfare Maximization）等方面的讨论。相应地，地方政府过度借债，其含义是地方政府的借债规模相对于完全市场化条件下的借债规模要高，并非指地方政府完全不借债①。

6.2.2　中央政府政策的信号机制

上一小节得出的一个重要结论是，中央政府救助概率 β 上升会导致地方政府发行债务规模 b 上升。给定财政收入的外生分布，这意味着地方政府违约的概率上升。在出现违约的情况下，中央政府救助将消耗其财政资金，承担地方政府违约成本。如果不救助，那么金融机构将遭受损失，违约规模过大时可能引发系统性风险，同样带来高额的社会成本。因此，站在中央政府的角度，希望地方政府能够按照自身需求合理选择债务发行情况，避免高负债带来的社会成本。尽管如此，中央政府简单地在事前宣布不进行救助并不一定能实质上遏制地方政府的过度借债动机，因为事后一旦出现违约，经济体系遭受冲击所带来的成本（尤其是短期内的企业破产、经济衰退等问题）恐怕是中央政府难以或者不愿意承受的。因此，从效用最大化的角度来看，中央政府事后可能采取救助措施，这种事后救助行为又会提升地方政府对中央政府未来继续采取救助措施的概率的预期，导致地方政府债务规模呈现发散式增长。因此，中央政府的政策选择，对地方政府借债行为有着重要影响。本小节将重点讨论这一问题。

在前一小节的基础上，引入地方政府的异质性（Heterogeneity）。假设存在两类地方政府，好的地方政府和坏的地方政府：LG^i，其中 $i \in \{G, B\}$，即好的地方政府和坏的地方政府分别用 LG^G 和 LG^B 表示。LG^i 发行的债券规模和价格分别为 b^i 和 q^i。好的地方政府和坏的地方政府的唯一区别是 $t=1$ 期的财政资源禀赋分布不同（注意到根据前一小节的假设，$t=1$ 期和 $t=2$ 期的财政资源禀赋分布完全一样，因此，我们仅需要用 $t=1$ 期符号作为代表即可）。我们假设，对于 LG^i，在 t 期的财政资源为 e_t^i，$t \in \{1,2\}$。在不会混淆的前提下，之后我们将直接用 e^i 表示，$e^i \in [e_l^i, e_h^i]$。

① 显然，在现实中，地方政府完全不使用任何债务融资工具进行经济资源的有效跨期配置，从社会福利最大化的角度来看，并非最优方案。

对于区间和分布，假设 $e_l^G > e_l^B$, $e_h^G > e_h^B$, $e_h^G - e_l^G = e_h^B - e_l^B = E$, $f(e \mid i = G) = f(e - (e_l^G - e_l^B) \mid i = B)$ 。也就是说，LG^G 和 LG^B 的财政资源分布区间的宽度一样，且概率密度函数在各自分布区间内的形状一样，e^G 的分布相当于 e^B 的分布向正的方向平移。

由于财政资源禀赋不同，因此其他外界条件一致时，不同地方政府选择的发债规模不同。我们通过以下例子来形象说明：假设对于每个地方政府，其财政禀赋服从各自分布区间内的均匀分布，即 $e^i \sim U[e_l^i, e_h^i]$, $f(e^i) = 1/(e_h^i - e_l^i) = 1/E$ 。当不存在中央政府救助对地方政府发债行为的扭曲即 $\beta = 0$ 时，地方政府的发债行为将完全取决于投资效用 $u1(b)$ 和违约损失 $u2(b)$ 。注意到其边际效用函数为

$$u1'_b(b) = \frac{\partial \ (qb)^\alpha}{\partial \ b} = \alpha q^\alpha b^{\alpha-1} \qquad (6-5)$$

$$u2'_b(b) = \frac{\partial \ \left[\int_{e_l}^{b} (1/E)\,\mathrm{d}e \times D\right]}{\partial \ b} = D/E \qquad (6-6)$$

如果假设以下关系成立：

$$\alpha \ (e_l^G)^{\alpha-1} \leqslant D/E < \alpha \ (e_l^B)^{\alpha-1} \qquad (6-7)$$

那么根据地方政府效用最大化的关系，$u1'_b(b) = u2'_b(b)$ ，我们可以很明显地看出，地方政府选择的发债规模满足 $b^G \leqslant e_l^G$, $e_l^B < b^B < e_h^B$ ①。同时，对于债券价格，满足 $q^G = 1$, $0 < q^B < 1$ 。也就是说，好的地方政府发行的债券为无风险债券，而坏的地方政府发行的债券为风险债券。造成这一差别的原因是，对于好的地方政府，由于自身拥有较多的财政资金，因此即使不冒险发行风险债券（ $b^G > e_l^G$ ），依然可以进行较大规模的公共投资。相反，对于坏的地方政府，由于自身财政资金有限，因此效用最大化的目标决定了坏的地方政府愿意承担一定的违约风险。需要说明的是，这里根据式（6-7）的假设，得出了在没有中央政府救助扭曲的情况下，好的地方政府发行的债券无风险、而坏的地方政府发行的债券有风险的结

① 假定对于两类地方政府，最优发债规模没有超出财政禀赋分布的上限，即违约并非确定的。

论。实际上，如果去除式（6－7）的假设，那么好的地方政府同样会发行有风险债券，但是这并不会改变本模型的结论。这里的关键是，由于 $\alpha < 1$，即投资的边际效用递减，因此如果好的地方政府和坏的地方政府承担同样高的违约风险（即违约边际效用相等），那么好的地方政府从投资中得到的边际效用会低于坏的地方政府从投资中得到的边际效用，但这与效用最大化的定义矛盾。所以，好的地方政府相比较于坏的地方政府，债务率（债务规模与预期财政收入的比例）更低，债券风险溢价更低。但是，这并不意味着 $b^G < b^B$，由于好的地方政府财政禀赋较高，因此其发行债务的绝对规模可能较高。

引理 6.1：在不存在中央政府救助导致的扭曲的情况下，财政资源禀赋较高的地方政府相比较于财政资源禀赋较低的地方政府，债务率更低，债务风险溢价也更低。

但是，如果存在中央政府救助，那么对于地方政府，如果其承担一定的违约风险，则还可能从中央政府的救助中获得一部分额外效用 $u3(b)$，并且这部分效用的大小随着预期救助概率 β 的上升而上升。如果 $\beta > 0$ 并且满足以下假设：

$$\alpha\,(e_l^G)^{\alpha-1} \leqslant D/E < \alpha\,(e_l^G)^{\alpha-1} + u3'_b(b^G) \qquad (6-8)$$

那么，我们可以得到 $b^G > e_l^G$。也就是说，当预期中央政府救助的概率足够高时，好的地方政府也会冒险发行过多的债券，因为预期获得的中央政府救助弥补了其因为承担风险而遭受的效用损失。对于坏的地方政府，其依然会发行风险债券，并且发行的规模相比较于预期没有救助的情况下更高，债务风险也更高。这也符合定理 6.1 中的结论。

从上文分析中可以看到，β 对于地方政府选择借债规模至关重要。在现实中，地方政府预期自身得到中央政府救助的概率，不仅取决于中央政府对自身政策和救助立场的宣称，而且还取决于历史经验，即过去发生违约时，地方政府是否受到了中央政府的救助。反过来，无论中央政府如何在事前宣称自己的政策立场，但是出于自身效用的考虑，在事后采取的措施很可能与事前宣称的相反，这会导致中央政府信誉度的降低，给后续施行政策增加困难。地方政府将更加关注中央政府的政策信号，以此判断其实际政策立场。因此，接下来的问题是，中央政府应当如何选择政策（信号），这又会对地方政府借债行为产生什么影响。

本模型对中央政府政策信号的分析框架如图6－4所示。在每一期开始时（$t=0$期和$t=1$期），中央政府会对外宣布自己是否会担保地方政府的债务。很显然，在现实中，中央政府不会公开地在事前宣布将对违约的地方政府进行救助，因为这样会导致严重的道德风险问题，地方政府会大量借债。但是，中央政府除了宣布自己不担保外，还有可能并不对外宣布自己的政策立场。在这种情况下，市场将会对中央政府是否担保进行猜测。到了$t=1$期，当出现债务违约时，中央政府需要决定是否对违约的地方政府进行救助。这里需要注意的是，在$t=0$期所宣布的政策并不一定要与$t=1$期实际采取的政策一致。中央政府可以事前宣布不救助但在事后采取救助政策。另外，如果在$t=0$期不做任何宣布，那么到了$t=1$期，中央政府必须宣布不进行救助。做出这一假设的考虑是，在现实中，出于控制债务风险和市场投机的考虑，中央政府不能始终对其政策含糊不清。随着地方政府债务问题的演进，中央政府会采取越来越明确的政策来处理这些问题。在$t=0$期，由于是经济初始状态，因此地方政府会倾向于相信中央政府所宣布的政策立场。到了$t=1$期，由于中央政府采取了实际政策来应对地方政府债务违约（救助或不救助），这种实际发生的行为将释放强烈的政策信号。地方政府将依据这个信号，修改自身预期，并据此调整自己从$t=1$期到$t=2$期的借债行为。需要注意的是，在本模型的基本框架里，由于是有限期模型，$t=2$期是最后一期，因此如果没有后续经济活动，那么中央政府一定会在$t=2$期对违约的地方政府采取救助政策，因为它不需要再考虑这种救助行为产生的后续影响。反过来，这意味着在$t=1$期，地方政府的预期概率β一定等于1。为了避免这种情况，假设在$t=2$期之后还有很多期，因此中央政府并非一定会采取救助政策，地方政府需要根据$t=1$期的中央政府行为来修正自身预期。

依据上述对中央政府政策的描述，我们将中央政府与地方政府的博弈分为以下三种情况来分析。第一种情况，基准情况。中央政府在各期均宣布不救助，并且自始至终对违约不采取任何救助措施。这种情况在现实中

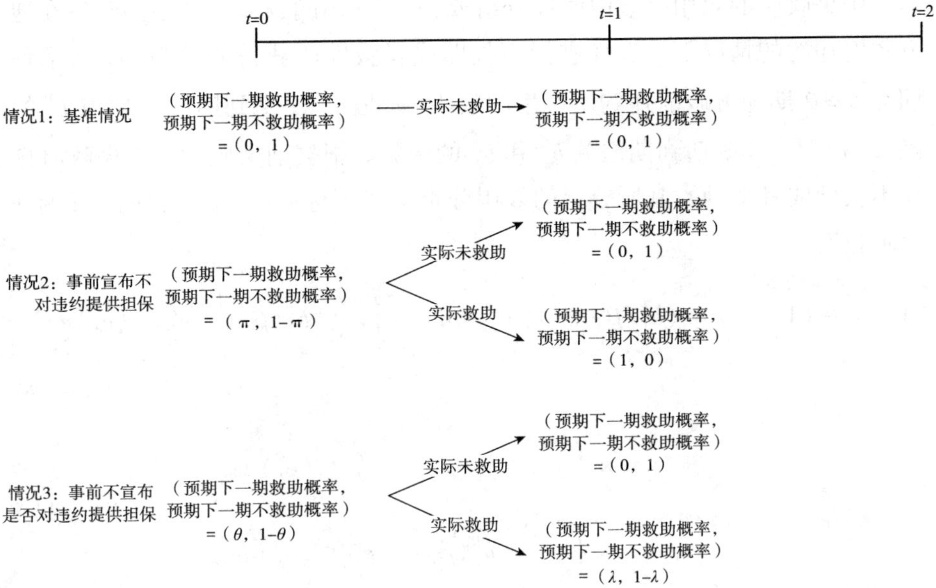

图 6－4　不同情况下对中央政府事后救助概率的预期

发生的概率较低，因为这需要中央政府能做出非常强有力的、令市场信服的承诺，并且不会因为短期经济波动而改变任何政策立场。考虑这种情况的意义在于可以对比中央政府采取其他各类政策组合时的效用高低。第二种情况，中央政府在 $t=0$ 期宣布不救助，但是在 $t=1$ 期，根据实际结果，可能救助或者不救助。地方政府依据中央政府的实际行动修正预期，并在 $t=1$ 期发行新一期债务。第三种情况，中央政府在 $t=0$ 期不宣布任何措施，即不释放任何政策信号，然后在 $t=1$ 期同样相机决策，决定救助或不救助。之后，中央政府宣布不救助。同样地，地方政府依据中央政府的实际行动修正预期，并在 $t=1$ 期发行新一期债务。$t=0$ 期的状态（博弈属于哪种情况）是外生给定的，而 $t=1$ 期的状态将由双方博弈的结果决定。

中央政府依据自己的效用函数，在 $t=1$ 期选择是否采取救助措施。我们用 $b_t^i(\beta_{t-1})$ 表示地方政府 i 在 $t-1$ 期发行的、将于 t 期到期的地方政府债券，在 $t-1$ 期发行债券时，其依据的是当时预期未来得到中央政府救助的概率 β_{t-1}。$i\in\{G,B\}$，$t=\{1,2\}$。中央政府的效用函数为

$$V=(1-\eta)\times v_1(b_1^G,b_1^B)+\eta\times v_2(b_2^G,b_2^B) \tag{6-9}$$

中央政府的效用函数由两部分组成，v_1 表示由于 $t=1$ 期中央政府在地方政府违约的情况下，选择进行不救助或者救助所获得的效用。v_2 表示预期在 $t=2$ 期地方政府违约所产生的效用。v_1 是 $t=1$ 期到期债务 b_1^G 和 b_1^B 的函数，v_2 是 $t=2$ 期到期债务 b_2^G 和 b_2^B 的函数。根据前文假设，中央政府选择不救助或者救助，其所获得的效用分别是（下标 nb 表示不救助，下标 b 表示救助）

$$V_{nb}=-(1-\eta)\times(b_1^B(\beta_0)-e_1^B)^{\mu}-\eta\times\int_{e_l^B}^{b_2^B(\beta_1)}(b_2^B(\beta_1)-e_2^B)^{\mu}f(e_2^B)de_2^B \tag{6-10}$$

$$\begin{aligned}V_b=&-\eta\times\int_{e_l^G}^{b_2^G(\beta_1)}(b_2^G(\beta_1)-e_2^G)^{\mu}f(e_2^G)de_2^G\\&-\eta\times\int_{e_l^B}^{b_2^B(\beta_1)}(b_2^B(\beta_1)-e_2^B)^{\mu}f(e_2^B)de_2^B\end{aligned} \tag{6-11}$$

式（6-10）中第一项表示在不救助的情况下，违约造成的损失。V_{nb} 和 V_b 中的各个积分项，表示了预期未来地方政府违约的损失。$\mu\geqslant1$，表示违约给社会造成的总损失可能要大于账面违约金额（比如投资者除了账面损失外，企业正常经营也会受到影响，进而波及其他相关市场主体。也就是说，地方政府违约会产生负的外部性）①。由于我们考虑的是违约损失，是负的效用，因此式（6-10）和式（6-11）中的每一项，其符号均为负号。

如果中央政府在 $t=1$ 期采取了救助政策，那么会提升地方政府对中央政府未来同样采取救助政策的预期，因此 $\beta_1\geqslant\beta_0$。这意味着，地方政府发行新一期的债务规模不小于上一期，即 $b_2^i\geqslant b_1^i$。式（6-10）和式（6-11）中具体每一项的含义，会在接下来进一步解释。这里只需要记住的是，如果中央政府选择了在 $t=1$ 期进行救助的政策，那么下一期，地方政府将发行更多债券，因此违约风险上升。

---

① V_b 中省略了如果救助需要付出的资金 $b_1{}^B-e_1$。可以较容易地证明，如果 μ 大于 1，那么省略这一项不会改变任何结论。因此，出于推导简便、突出模型所关注重点的考虑，省略了这一项。

$\eta \in \{0,1\}$ 。η 对于中央政府救助行为的选择有至关重要的影响。当 $\eta = 1$ 时，我们称中央政府为严格（Tough）的中央政府。比较式（6-10）和式（6-11），可以看出，$V_{nb}(\cdot | \eta = 1) > V_b(\cdot | \eta = 1)$，其含义是中央政府非常重视如果采取救助行为，会提升地方政府对未来获得救助的预期，导致其增加债券发行，未来债务违约的风险和成本上升。由于担心风险积累与爆发，所以严格的中央政府将选择不进行救助。当 $\eta = 0$ 时，我们称中央政府为宽容（Soft）的中央政府。与之前的情况恰好相反，$V_{nb}(\cdot | \eta = 0) < V_b(\cdot | \eta = 0)$，也就是说，中央政府非常担忧债务违约在短期内给经济体系造成的冲击，因此将对违约政府进行救助，而不关注这可能导致未来地方政府债务规模增长。

引理 6.2：当 $\eta = 1$ 时，中央政府不会救助违约的地方政府；当 $\eta = 0$ 时，中央政府会救助违约的地方政府。

需要指出的是，$\eta \in \{0,1\}$ 是一个非常强烈的假设。$\eta = 1$ 意味着中央政府完全不在乎债务违约造成的短期冲击，绝对不会救助，而 $\eta = 0$ 意味着中央政府完全不在乎未来的债务风险，绝对会救助，即便当期地方政府违约金额非常小。在现实中，中央政府的效用函数很可能是债务违约短期成本和长期风险的加权函数，也就是说，$\eta \in (0,1)$ 。在这种情况下，将不存在中央政府救助或不救助的绝对情况，因为只要当期违约金额足够高或者预期未来债务风险足够小时，中央政府就会救助，反之则相反。这时，无论中央政府事前是否宣布救助，都将不再起任何作用[①]。地方政府将根据自己对 η 大小的判断，选择债券发行规模，这种情况下可以推导出新的结论。本小节的关注重点是中央政府的政策信号所产生的影响，因此我们先考虑 $\eta \in \{0,1\}$ 的情况，而 $\eta \in (0,1)$ 的情况会留到下一小节讨论。

情况 1：

在基准情况下，中央政府不会担保地方政府的任何债务，当发生违约时不会进行救助。地方政府和投资者对此也有正确的市场预期，因此在市场纪律的强烈约束下选择合理的借债规模。这时，每一期的地方政府债务

① 假设中央政府不能直接宣称自己的 η 值是多少。

规模为最优债务规模，没有过度借债趋势，即

$$b_t^G = b_t^G(0) \in (0,e_l^G],b_t^B = b_t^B(0) \in (e_l^B,e_h^B) \qquad (6-12)$$

式中，$t = 1,2$。再次强调，此处所谓的最优，并不意味着其是满足帕累托最优或者福利最大化条件的债务规模，而是指地方政府受正常的市场纪律约束，没有过度借债的倾向。

情况2：

在这种情况下，在 $t = 0$ 期，面对地方政府未来可能出现的债务违约，中央政府事前宣布不会对地方政府债务提供担保。由于没有中央政府救助的历史经验，因此地方政府会倾向于信任中央政府的宣布，预期未来得到中央政府救助的概率 π 较小，即 $\beta_0 = \pi \in [0,1)$。这一概率足够小，因此不足以激励 LG^G 过度借债。因此

$$b_1^G = b_1^G(\pi) \in (0,e_l^G],b_1^B = b_1^B(\pi) \in (e_l^B,e_h^B) \qquad (6-13)$$

到了 $t = 1$ 期，面对实际发生的违约，严格的中央政府将选择不救助，宽容的中央政府将选择救助，这个救助行为将被所有地方政府观察到，并被视为提示 η 真实值的信号。当中央政府进行救助时，地方政府将认为 $\eta = 1$，因此收敛借债行为，$\beta_1 = 0$，在 $t = 1$ 期按照正常的市场纪律发行债券，即

$$b_2^G = b_2^G(0) \in (0,e_l^G],b_2^B = b_2^B(0) \in (e_l^B,e_h^B) \qquad (6-14)$$

如果中央政府进行救助，地方政府将认为 $\eta = 0$。所以，地方政府认为未来如果债务违约，同样会受到中央政府救助，$\beta_1 = 1$，因此刺激了地方政府的高负债倾向，即

$$b_2^G = b_2^G(1) \in (e_l^G,e_h^G),b_2^B = b_2^B(1) \in (e_l^B,e_h^B) \qquad (6-15)$$

注意，由于中央政府之前宣布了不救助，但实际采取的却是救助行为，因此地方政府认为中央政府存在机会主义倾向，“欺骗”了地方政府。在 $t = 1$ 期之后，当中央政府再次宣布不救助时，将无法得到地方政府的信任，因此无法约束地方政府过度借债的行为。中央政府虽然规避了当前的违约成本，但是未来由于债务规模迅速增加，因此违约风险会进一步上升。

这里，$b_2^G(1) > e_l^G \geqslant b_1^G(\pi)$，也就是说，受到中央政府救助这一信号

的影响，好的地方政府也开始发行风险债券，而不是原来的无风险债券，期望从未来的中央政府救助中获益。这是中央政府救助行为的负面影响，即原本谨慎借债的地方政府，在观察到中央政府的信号后，也开始过度借债。从全局来看，这意味着整体的债务规模出现爆发式增长，即 $b_2^G(1) + b_2^B(1) > b_1^G(\pi) + b_1^B(\pi)$ 。

情况3：

在这种情况下，在 $t = 0$ 期，中央政府不会释放任何关于其政策立场的信号，因此地方政府需要预先对事后救助概率 β 进行推测。外生假定这一概率为 θ ，即 $\beta_0 = \theta \in (0,1)$ 。那么，两类地方政府的借债规模分别为

$$b_1^G = b_1^G(\theta) \in (e_l^G, e_h^G), b_1^B = b_1^B(\theta) \in (e_l^B, e_h^B) \tag{6-16}$$

LG^G 发行的债务规模是否处于无风险区间并不重要，这里假设其债券有风险仅仅是为了与情况2有一定区分。重要的假设是 $\theta > \pi$ 。也就是说，如果在 $t = 0$ 期，中央政府对是否担保地方政府债务没有任何表态，那么地方政府所猜测的未来受到违约救助的概率，要高于中央政府事先表态不救助的情况。原因是，中央政府不进行表态，可能是因为其非常倾向于救助，但是又不可能直接宣布其会进行救助的立场。到了 $t = 1$ 期，如果 $\eta = 1$ ，那么中央政府不会救助违约地方政府。与此前情况一致，根据这一信号，地方政府会形成未来中央政府不救助违约地方政府的预期，因此 $\beta_1 = 0$ ，有

$$b_2^G = b_2^G(0) \in (0, e_l^G], b_2^B = b_2^B(0) \in (e_l^B, e_h^B) \tag{6-17}$$

如果中央政府选择了救助，这里与情况2有所不同。中央政府在第一次选择救助后，会进行表态，声明自己未来不再担保地方政府债务的政策立场。由于第一次进行救助的前提条件是事前未表态，而对于之后的地方政府债务，中央政府已经进行了表态，因此虽然按照中央政府实际救助行动所发出的信号，地方政府应当认为未来救助概率是1，但是考虑到中央政府有可能改变政策立场，在 $t = 1$ 期的表态将具有一定可信度。所以，地方政府预期未来违约时得到救助的概率将小于1，即 $\beta_1 = \lambda \in (0,1)$ 。所以

$$b_2^G = b_2^G(\lambda) \in (e_l^G, e_h^G), b_2^B = b_2^B(\lambda) \in (e_l^B, e_h^B) \tag{6-18}$$

虽然此时，整体的地方政府债务规模仍然会增加，但增长幅度要小于情况 2，即 $b_2^G(\lambda) + b_2^B(\lambda) < b_2^G(1) + b_2^B(1)$。

所以，我们可以得到

$$0 \leqslant \pi < \theta < \lambda < 1 \quad (6-19)$$

$$b_t^G(0) = b_t^G(\pi) \leqslant e_l^G < b_t^G(\theta) < b_t^G(\lambda) < b_t^G(1) < e_h^G \quad (6-20)$$

$$e_l^B < b_t^B(0) \leqslant b_t^B(\pi) < b_t^B(\theta) < b_t^B(\lambda) < b_t^B(1) < e_h^B \quad (6-21)$$

上述分析的主要结论可归纳在定理 6. 2 中。

定理 6. 2（信号机制）：中央政府是否救助违约地方政府的实际行为，将影响地方政府对未来受到救助的概率的预期，进而影响地方政府后续的借债行为。当 $\eta = 1$ 时，中央政府不会选择救助违约地方政府，短期内经济损失较大，但未来地方政府债务规模将趋于稳定。当 $\eta = 0$ 时，中央政府会选择救助违约地方政府，短期内经济损失较小，但未来地方政府债务规模将呈现爆发式增长。

比较情况 2 和情况 3 中，地方政府在 $t = 0$ 期和 $t = 1$ 期所借的债务规模之和。当 $\eta = 1$ 时，情况 2 下的债务规模为 $b(case2 \mid \eta = 1) = [b_1^G(\pi) + b_1^B(\pi)] + [b_2^G(0) + b_2^B(0)]$，情况 3 下的债务规模为 $b(case3 \mid \eta = 1) = [b_1^G(\theta) + b_1^B(\theta)] + [b_2^G(0) + b_2^B(0)]$。根据式（6－20）和式（6－21），有 $b(case2 \mid \eta = 1) < b(case3 \mid \eta = 1)$。当 $\eta = 0$ 时，情况 2 下的债务规模为 $b(case2 \mid \eta = 0) = [b_1^G(\pi) + b_1^B(\pi)] + [b_2^G(1) + b_2^B(1)]$，情况 3 下的债务规模为 $b(case3 \mid \eta = 0) = [b_1^G(\theta) + b_1^B(\theta)] + [b_2^G(\lambda) + b_2^B(\lambda)]$。有趣的是，此时 $b(case2 \mid \eta = 0)$ 和 $b(case3 \mid \eta = 0)$ 哪一个更高是不确定的，因为虽然 $b_1^G(\pi) + b_1^B(\pi) < b_1^G(\theta) + b_1^B(\theta)$，但是 $b_2^G(1) + b_2^B(1) > b_2^G(\lambda) + b_2^B(\lambda)$。所以哪一种情况下债务规模更高，将取决于预期概率 π、θ、λ 的具体大小。上述分析表明，从控制地方政府债务规模的角度来讲，如果中央政府是严格的、重视控制系统性风险的政府，那么从地方政府刚开始借债时即表态不担保地方政府债务、同时在实际发生违约时不进行救助将是最优的选择。如果中央政府是宽容的、重视降低违约对经济体系造成短期冲击的政府，那么刚开始即表态不担保债务也许并非最优路径。如果 θ 和 λ 足够小，那么在地方政府债务增长的初始阶段，采取较为模糊的

政策表态也许是最优的，因为这给后续发生债务违约时进行救助提供了政策操作的空间。

需要说明的是，上文假设各种情况的初始状态（中央政府表态不担保或者不进行表态）是外生给定的，然后分析不同路径下的效用大小和债务规模高低。如果中央政府能够自主选择是否表态，那么根据上文的分析，严格的中央政府将始终遵循情况 2 的路径，而只有宽容的中央政府才可能选择情况 3 的路径。反过来，这意味着如果市场观察到中央政府事先未表态，那么该中央政府就一定是宽容的中央政府，则 $\theta = \lambda = 1$ 。所以，这里存在逆向选择（Adverse Selection）的问题。此时，中央政府在情况 3 下的效用将是最低的，债务规模将最高，因此即便是宽容的中央政府，也不会选择情况 3 的路径，而会选择情况 2 的路径。最终在 $t = 0$ 期的均衡是混合均衡（Pooling Equilibrium），地方政府无法根据中央政府的表态，判断其未来是否会救助，只有等到 $t = 1$ 期观察到实际行动的信号后，才能修正预期。

该混合均衡可能实现的前提是，中央政府在事前明确知道自己的类型，即知道自己的 η 是 1 还是 0[①]。如果中央政府不确切知道自己的 η 值，那么对于严格的中央政府，选择情况 3 的路径也可能是最优的，即严格的中央政府也可能事先不表态。这对应的现实逻辑是，在地方政府借债的初始阶段，中央政府并不能十分确切地认识到地方政府借债带来的收益与成本，对债务问题缺乏清晰认识。在这时，中央政府未必会立即出台严格的监管政策，而是会在地方政府债务问题发展到一定阶段、对该问题有了清晰认识后，再采取相应的政策来治理。相反，刚开始就采取严格的监管政策，可能会锁死未来政策变革的空间。

上述逻辑可以用于解释中国地方政府债务问题的实际情况。在 2009 年以前，虽然地方债务增长速度较快，但是从整体规模来看并不高，对经济构成的系统性风险威胁较小。同时，中央政府对于地方政府借债也采取了相对包容的态度，例如在“四万亿元”投资过程中，实际上是鼓励地方政

---

① 尽管明确知道，但在情况 2 和情况 3 中，中央政府没有办法宣布自己的 η 值并让地方政府完全信服自己，因此其政策的信号作用才有意义。

府通过借债来扩大政府支出、应对经济下行的。但是，在地方政府债务扩张到一定阶段时，地方政府债务违约风险上升，部分地方政府实际上已经无力偿还债务，只能通过借新还旧等方式暂时延缓危机的爆发。因此，中央政府通过债务置换等途径，将地方政府期限短、利率高的债务替换为期限长、利率低的债务，减轻地方政府短期偿债压力。这一债务置换方案的成功推行是基于中央政府的良好信誉，从本质上来讲是中央政府对地方政府的救助。如果不提前进行这种救助，那么按照之前的发展趋势，中国部分地方政府债务违约将不可避免。在推行债务置换的同时，中央政府也通过颁布法律（比如新预算法）、制定政策（比如“43 号文”）等方式，加强对地方政府借债行为的约束和监管，严格防范地方政府债务风险爆发。并且，中央政府强调了区别对待旧债和新债。例如，在财政部 2014 年 10 月的文件《地方政府性存量债务清理处置办法》中规定，在对存量债务进行清理和甄别的基础上，2015 年及之前符合条件的在建项目可以按照原有渠道进行后续融资，2016 年开始只能按照省级地方政府发行债券的方式进行融资。这可以理解为，中央政府对政策变化前的地方政府债务提供担保，但是“下不为例”，对未来地方政府新举借的债务将不再提供担保。对比理论模型，中国地方政府债务的实际情况类似于情况 3，即中央政府在事前采取模糊不清的政策表态，在事后（极有可能出现）债务违约的情况下进行救助，并表态未来不再进行救助。

定理 6.3（政策选择）：在控制地方政府债务规模的政策选择上，当 $\eta = 1$ 时，中央政府应当选择明确连贯的政策信号，始终表态不担保地方政府债务并且实际发生违约时不进行任何救助。当 $\eta = 0$ 时，中央政府应当选择明确连贯的政策信号还是模糊不清的政策信号，取决于预期概率 π、θ、λ 的具体大小。

定理 6.3 及相关分析给中央政府选择合适的政策治理地方政府债务提供了启示。在讨论情况 2 时，我们指出，如果中央政府存在机会主义倾向，在 $\eta = 0$ 的前提下却事前宣布不救助，事后又违背政策立场而进行救助，那么最终结果是中央政府信誉受损，未来地方政府债务增长将难以控制。也就是说，中央政府一方面想通过救助来减少违约造成的短期经济损失，另一方面又希望在救助后，地方政府仍然能受到市场纪律约束，不会过度借债，这从理论上来讲是矛盾的。所以，地方政府过度借债不仅仅是地方政府单方面激励机制造成的，中央政府的政策手段同样可能负有责任。不恰当的政策有可能导致地方政府债务问题的恶化。

另外，尽管上述分析表明中央政府在刚开始选择模糊不清的信号，并且事后采取救助行为具有一定的理论依据，但是如果模型框架扩展到更多期或者无限期，那么这一选择极大可能是次优的，因为宽容的中央政府会在后续出现地方政府债务违约时依旧采取救助措施，这导致地方政府不断修正自身预期，最终 $\lambda \to 1$ ，债务规模发散式增长。因此，在地方政府借债的初始阶段，中央政府不实行过于严格的监管政策有一定道理。但是，这样做的主要目的，是给后续政策变化留下余地，同时给改革预留时间。如果中央政府不能改变自身类型，从宽容的类型转变为严格的类型，不能将系统性风险控制放在一个足够重要的位置，那么地方政府债务最终将呈现快速扩张的趋势并且难以有效控制。

6.2.3 借债策略与均衡

上一小节讨论了两种典型的中央政府所采取的政策及相关信号对地方政府借债行为的影响。当 $\eta \in (0,1)$ 时，即 η 在 $(0,1)$ 区间上连续分布时，中央政府想要让地方政府完全相信其债务不会得到担保是不可能的，原因在于，此时中央政府的效用函数将是短期经济损失和长期系统性风险的加权平均值，其权重分别为 $1-\eta$ 和 η [参考式（6-9）]。因此，即便 η 很大，只要 $\eta \neq 1$ ，那么当短期债务违约造成的负面冲击足够大时，中央政府将选择救助违约的地方政府。

具体分析这种情况。分别考虑中央政府不救助和救助违约地方政府时的效用，从式（6-10）和式（6-11）出发，定义在 $t=1$ 期，中央政府采取两种不同措施的效用差：

$$\Omega = V_{nb} - V_b = -(1-\eta)(b_1(\beta_0) - e_1)^{\mu} + \eta \times V(\Phi) \quad (6-22)$$

式中，我们用 $V(\Phi)$ 表示由于不救助违约的地方政府，避免了地方政府债务规模的后续膨胀，从而中央政府得到的正效用。Φ 表示两种政策信号下地方政府债务规模的差值。同时，在不影响理解和数学性质的情况下，为简便起见，省略地方政府上标 i ，并假设 $\mu = 1$ 。定义 $\Delta = b_1(\beta_0) - e_1$ ，表示在 $t = 1$ 期，地方政府偿债资金的缺口（投资者的账面损失）。对于式（6－22），当 $\Omega > 0$ 时，中央政府将选择不救助；当 $\Omega < 0$ 时，中央政府将选择救助。那么，我们可以得到以下引理。

引理 6.3： $\forall \eta \in (0,1)$ ，$\exists \Delta^* > 0$ ，使得 $\Omega = 0$ 。当 $\Delta > \Delta^*$ 时，中央政府将救助违约的地方政府。当 $\Delta < \Delta^*$ 时，中央政府将不救助违约的地方政府。

因此，Δ^* 是 η 的函数，假设该函数为 $\Delta^* = x(\eta)$ 。注意到，当 $\eta \to 0$ 时，$\Delta^* \to 0$ ；当 $\eta \to 1$ 时，$\Delta^* \to +\infty$。令 $\Omega = 0$ ，得到 $\Delta^* = [\eta/(1-\eta)] \times V(\Phi)$，因此

$$\frac{\partial \Delta^*}{\partial \eta} = \frac{1}{(1-\eta)^2}V(\Phi) > 0 \tag{6－23}$$

$$\frac{\partial^2 \Delta^*}{\partial \eta^2} = \frac{2}{(1-\eta)^3}V(\Phi) > 0 \tag{6－24}$$

也就是说，当 η 递增时，Δ^* 随之单调递增且斜率递增（严格来讲，Φ 会随 η 变化而变化，但具体的变化关系需要在数学上做进一步的假设后再进行推导，但这并非本小节关注的重点。因此，在不改变主要结论的前提下，假设 Φ 不随 η 变化而变化）。所以，Δ^* 与 η 的关系如图 6－5 所示。

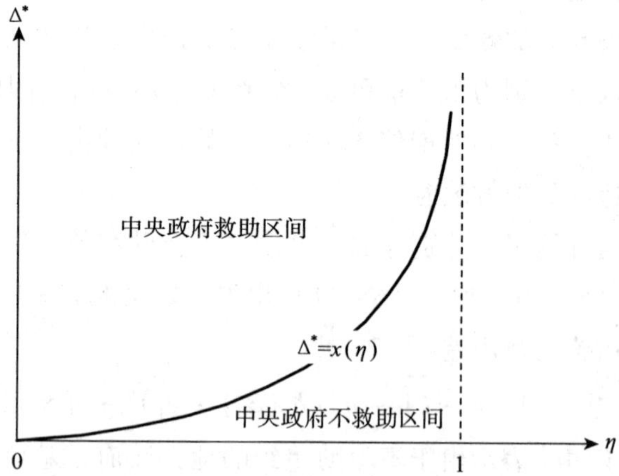

图 6－5　中央政府救助区间与不救助区间的划分

单调函数的性质决定了对于某个给定的 Δ^* ，$\eta = x^{-1}(\Delta^*)$ 。在这种情况下，地方政府会根据中央政府是否进行救助，不断修正其对中央政府实际 η 值的判断，中央政府救助会导致地方政府下一期债券发行规模的上升，这就是 $V(\Phi)$ 的来源。记中央政府实际 η 值为 η_{cg} 。假设在某一期，地方政府偿债资金缺口为 Δ_{actual} ，那么其对应的 η 临界值为 $\eta_{actual} = x^{-1}(\Delta_{actual})$ 。如果这时中央政府选择了救助，那么意味着 $\eta_{cg} \leqslant \eta_{actual}$ 。因此，在下一期，地方政府选择债券发行规模时，预期 η 的分布区间将不再是 $(0,1)$ ，而是 $(0,\eta_{actual})$ ，预期 η 值下降。相比上一期，给定 Δ ，地方政府预期获得救助的概率将上升，因此债券发行规模将上升，所以 $\Phi > 0$ 。

进一步分析事前预期的中央政府救助概率。在 $t = 0$ 期，假设 η 服从 $(0,1)$ 上的某种分布，其分布的概率密度函数为 $h(\eta)$ 。那么，在 $t = 0$ 期，如果预期偿债资金缺口为 $E\Delta = b_1 - Ee_1$ ，那么预期中央政府救助的概率就是

$$\beta_0(E\Delta) = P[\eta < x^{-1}(E\Delta)] = \int_0^{x^{-1}(E\Delta)} h(\eta)\mathrm{d}\eta \qquad (6-25)$$

从图 6－5 来看，β_0 就等于 η 位于 $(0,x^{-1}(E\Delta))$ 之间的概率。所以，式（6－25）揭示了地方政府预期在 $t = 1$ 期得到中央政府救助的概率是 $E\Delta$ 的函数，也就是 b_1 的函数。而且 β_0 随 b_1 单调递增。当地方政府增加借债规模时，预期未来获得中央政府救助的概率上升，从而地方政府发行债券的边际效用也上升，地方政府会进一步发行更多债券。因此，地方政府选择的债务规模，将不仅是由中央政府救助概率外生决定，地方政府可以通过选择债务规模，内生调整中央政府救助的预期概率，直到地方政府效用最大化，即满足式（6－3）的条件。

引理 6.4：当 $\eta \in (0,1)$ 时，地方政府预期获得中央政府救助的概率 β_0 随地方政府借债规模 b_1 递增。$\beta_0 = \beta_0(b_1)$ ，$\partial \beta_0 / \partial b_1 > 0$ 。

当地方政府借债规模会内生影响中央政府救助概率时，经济中可能存在多重均衡。注意到在式（6－2）中，地方政府决策函数中的 β 是外生给定的。因此，给定事前预期值 β_0 ，地方政府选择的债务规模 b_1 是唯一的，

由债券市场均衡条件决定。但是如果 b_1 能够内生影响 β_0，当 b_1 上升时，虽然投资带给地方政府的效用下降，并且违约风险损失上升，但是如果 β_0 上升的幅度足够多，那么中央政府救助带给地方政府的效用上升，有可能弥补地方政府其他方面的效用损失［参考式（6 - 3）］。所以，从事前的角度看，取决于 η 的具体分布和地方政府与投资者效用函数中的具体参数，可能存在多重均衡。在每一个均衡下，地方政府按照其预期得到中央政府救助的概率所选择的借债规模都是理性行为的结果。举例来说，可能同时存在低负债均衡（$b_{1,low}, \beta_{0,low}$）和高负债均衡（$b_{1,high}, \beta_{0,high}$），$b_{1,low} < b_{1,high}$ 且 $\beta_{0,low} < \beta_{0,high}$。最终地方政府选择低负债均衡还是高负债均衡，取决于各均衡下其效用的高低。

一个关键的问题是，在存在多重均衡的情况下，是否每个均衡都是稳定的（即是否存在 Steady State）。如果 β_0 随 b_1 上升的速度足够快，那么地方政府会发现在高负债均衡下，继续提高 b_1 能使自己的效用继续上升，所以将持续提高借债规模，直到地方政府债务规模的最大值 $b_{\max}$（对应于 $\beta_0 = 1$）。注意在这种情况下，地方政府债务将呈现不收敛的、发散式的增长趋势，债务规模迅速膨胀。

定理 6.4（多重均衡）：当地方政府预期获得中央政府救助的概率 β_0 由地方政府借债规模 b_1 内生决定时，如果 β_0 随 b_1 上升的幅度足够大，那么经济中可能存在多重均衡，即低负债均衡和高负债均衡。如果高负债均衡是不稳定的，那么地方政府债务规模将呈现发散式增长。

另外可以得出的一个有趣结论是，当地方政府预期获得救助的概率是由其发行债券的规模内生决定的时候，各个地方政府的借债行为将产生趋同效应。假设在每一类地方政府（$i = G, B$，在不影响理解的前提下，后文仍然省略上标 i）中都有数量为 N 的地方政府，每个地方政府的财政资源禀赋等条件完全相同。用 LG_j 来表示第 j 个地方政府，$j \in \{1, 2, \cdots, N\}$，$N \to +\infty$。现在选取其中任意一个地方政府，如 LG_k，其发行的债务规模是 b_{1k}。假设除了 LG_k 以外的其他地方政府都选择某一债务规模 $\hat{b}_1$，那么在均衡情况下，地方政府预期将获得中央政府救助的概率为

$$\hat{\beta}_0 = \beta_0[b_1 = (N-1)\hat{b}_1 + b_{1k}] \to \beta_0(b_1 = N\hat{b}_1) \qquad (6-26)$$

对于中央政府，在 $t=1$ 期，只会选择所有违约的地方政府都进行救助，或者任何一个违约的地方政府都不救。因为，只要采取救助行为，即使只救助一个地方政府，其所释放的信号也会影响所有地方政府的未来借债行为。如果只救助一部分违约的地方政府，那么中央政府会在承受未来所有地方政府过度借债效用损失的基础上，只获得一部分地方政府由于受到救助而避免短期经济负面冲击的效用增加。换句话说，中央政府承担了全部效用损失成本，却只获得一部分效用增加收益。这是不理性的行为。

所以，当除了 LG_k 以外的其他地方政府都举借规模为 $\hat{b}_1$ 的债务时，对于每个地方政府，包括 LG_k，其预期获得事后中央政府救助的概率都是 $\hat{\beta}_0$。LG_k 在观察到其他地方政府举借的债务规模后，将理性地认识到其受到救助的概率是 $\hat{\beta}_0$，那么根据效用最大化的原则，其选择的债务规模也会是 $\hat{b}_1$，即 $b_{1k}=\hat{b}_1$。所以，对于每个地方政府，它都会选择和其他地方政府一样的债务规模。如果别的地方政府举借的债务规模很高，那么该地方政府也会举借很高的债务规模。换句话说，地方政府借债行为趋同。

定理 6.5（集体趋同效应）：当 $\eta \in (0,1)$ 时，对于每一类财政资源禀赋相同的地方政府，该类别中所有地方政府都会选择同样的债务规模。

如果定理 6.2 总结的是中央政府政策信号如何影响地方政府债务随时间的变化趋势，那么定理 6.5 总结的则是在同一个时间点，各个地方政府的债务规模的趋同特点。这意味着，当某些地方政府举借了较高规模的债务，并且这样的高负债地方政府足够多时，其他地方政府也会纷纷效仿，其最终结果就是所有地方政府的债务规模都普遍上升。所以，定理 6.2 和定理 6.5 分别从两个角度解释了中国地方政府高负债的原因。

从地方政府债务监管的角度来看，上述分析给我们的启示是，应当从宏观审慎监管的角度，控制地方政府整体的债务规模和系统性风险。从传统的预算软约束模型出发研究地方政府债务，强调从微观的角度来看，由于事后地方政府债务违约是沉没成本（Sunk Cost），中央政府在已经出现实际债务违约时进行救助能够提高整体福利，因此事后救助是最优选择，这导致事前的预算“软化”和地方政府的行为扭曲。在本模型中，由于存在N个地方政府（$N \to +\infty$），因此单个地方政府违约并不足以带来巨大的违约损失，这也意味着虽然中央政府救助该地方政府可能会减小损失，但中央政府并不会救助，因为救助行为的信号将被所有其他地方政府捕捉到，导致所有地方政府在后期都超额发债。因此，从微观审慎的角度来看，单个地方政府的预算得到“硬化”，预算软约束问题将不存在。但是，从全局的角度来看，如果所有地方政府都过度借债，导致多个地方政府同时出现违约，系统性风险爆发，那么将可能触及引理6.3所描述的中央政府救助的临界点，逼迫中央政府对所有违约的地方政府进行救助，这可以称为地方政府集体的预算软约束问题。所以，中央政府需要从整体的宏观审慎角度，对地方政府整体债务率等问题进行监管，设计相应的宏观审慎监管工具。对于单个地方政府的违约，应当由该地方政府独立承担违约成本，倒逼地方政府采取审慎的借债行为。

6.3 本章小结

本章建立了关于地方政府债务与中央政府救助的理论模型，通过分析地方政府和中央政府之间的具体博弈过程，解释了中央政府和地方政府之间的相互作用影响为何会导致地方政府高负债的结果。通过模型的理论分析，得到以下结论：

（1）地方政府借债规模受到中央政府救助概率的影响，预期救助概率越高，地方政府借债规模越高。当出现地方政府债务违约时，中央政府实际是否采取救助措施将向市场释放政策信号，改变地方政府对未来得到救助的预期概率。如果中央政府采取救助措施，虽然短期内能降低违约给经济造成的损失，但是将刺激各个地方政府的借债动机，导致原本谨慎借债的地方政府也开始过度借债，整体债务规模呈现爆发式增长。

（2）如果中央政府清楚地了解地方政府债务问题的影响，那么从借债初始阶段便表明不进行事后救助的立场、并且在后续出现违约时坚持这一立场将能最有效地控制债务规模增长。相反，如果中央政府并不清楚地了解地方政府债务问题的影响，那么事前采取模糊不清的政策立场、并且在事后相机决策可能是最优的。

（3）地方政府债务规模可以内生决定中央政府救助概率。因此，地方政府会通过主动提高借债规模，诱导中央政府采取救助政策。这种情况下，经济中可能存在多重均衡以及债务规模发散式增长的可能性。

（4）地方政府借债行为具有集体趋同效应，每个地方政府都会选择与其他地方政府相同的借债规模。这种地方政府在借债行为上相互效仿的全局性结果是地方政府整体的债务规模上升。因此，中央政府需要从宏观审慎和系统性风险的角度设计地方政府债务监管体系。

第7章　地方政府债务与系统性风险

本章建立了关于中国地方政府债务的第二个理论模型，讨论债务违约风险如何通过金融体系的传导，对整个经济造成负面影响，分析地方政府债务违约引发系统性风险爆发的具体机制。第7.1节阐述模型的基本含义和重要特点；第7.2节建立关于地方政府债务和系统性风险的核心模型，推导主要结论；第7.3节在核心模型的基础上进行拓展，讨论土地财政的影响；第7.4节是本章小结。

7.1　模型含义和特点

第6章的理论模型讨论了中央政府的救助政策如何导致地方政府债务发散式增长。由于中央政府的财政救助能力是有限的，因此地方政府债务规模如果持续膨胀，那么最终的违约将难以避免。在中国的现状下，地方政府债务违约，很有可能引发系统性风险的爆发，导致经济体系的非线性崩溃。因此，本章的模型将回答地方政府债务问题中的第二个环节，即地方政府债务违约会对中国经济产生什么影响，债务违约如何通过金融体系的传导，引发系统性风险事件的爆发。

第7.2节的模型框架是本章的核心。模型共有三期。在模型中有三类主体：储户、银行、地方政府。在这里，储户将自己的财产以存款的形式存入银行，为银行提供资金来源。银行有一部分自有资金，同时从储户那里吸纳存款。在初始阶段，银行既可以投资一般性生产活动，也可以投资地方政府债券，即购买地方政府债券。地方政府追求自己任期内的净支出最大化。由于可以对债务进行延展，而地方政府任期有限，因此地方政府倾向于在自身任期内过度借债，而将部分债务偿还的责任转移给下届政府。经济中的不确定性来源于外生的生产率冲击。当经济遭受到的负面外生冲击足够大时，地方政府将无法满足债务展期的条件，导致出现地方政府债务违约。即使地方政府能够借新还旧，由于对未来经济生产率的预期下降，银行持有的地方政府债券风险溢价上升，债务贬值，将对银行的资产负债表产生冲击。在满足一定条件时，银行将被迫收缩资产负债表，减少对实体经济的信贷供给，引发系统性风险爆发。

此处，模型有两个重要特点需要讨论。第一，地方政府借新还旧的行为。在模型里，地方政府并非通常经济学模型中希望追求社会整体福利最大化的政府（Benevolent Government），而是追求任期内的财政支出最大化。这里财政支出最大化的假设，也可以理解为追求任期内GDP的最大化，因为现实中，中国地方政府刺激经济的重要手段来自增加财政支出和政府投资。由于地方政府任期的限制，地方政府可以通过不断的借新还旧（Rollover），将债务的偿还责任拖欠给下届地方政府，而本任期内的地方政府则充分获取了本期财政支出资金增加的收益。所以，地方政府有动机在尽量避免任期内违约的情况下，通过扩大借债，充分增加任期内的财政资金支出。与多数主权债务违约文献假设主权政府自主选择违约率不同，此处地方政府不会选择主动违约，因此只有当其财政收入不能满足债务偿还条件时，才会选择违约，即被动型违约。第二，地方政府债务资金来源于以银行为代表的金融体系，银行持有地方政府债券作为其重要资产。当地方政府发生实际债务违约或存在未来潜在的债务违约风险时，由于受到金融摩擦（Financial Friction）的约束，银行吸纳储户资金的能力将受到限制（Credit Constraint），被迫去杠杆化（Deleveraging），收缩资产负债表，减少对实体经济的信贷供给。更重要的是，由于未来地方政府的偿债资金来源于税收等财政收入，当实体经济产出下降时，未来地方政府财政收入也会下降，偿债能力就下降，而这一预期会作用到现在，提升市场对债务违约风险溢价的估计，降低银行持有的地方政府债券的市场价值，进一步冲击银行资产负债表，导致银行进一步收缩信贷，引起实体经济的持续衰退。这就是本书强调的金融风险非线性放大机制（Financial Risk Nonlinear Amplification Mechanism），即银行对地方政府违约风险的放大作用。这种由于银行等金融机构因为经营亏损、触发信贷约束条件而导致的实体经济非线性衰退，也被一些文献称为系统性风险（Systemic Risk）。需要强调的是，一些文献，如 Gennaioli、Martin 和 Rossi（2014），强调一旦政府对债务进行实际违约，将导致金融机构受到直接损失，从而受到金融信贷约束。而本书强调，即使没有实际违约，由于经济下滑具有持续性，因此未来违约风险上升也会导致金融机构持有地方政府债券的市场价值下降，同样可能受到信贷约束。这一机制，类似于 Bolton 和 Jeanne（2011）的模型，不过在他们的模型里，政府债券的价值主要是在银行间市场扮演抵押物的作用。在中国，地方政府债券主要是作为一项投资资产，而不是像国债等债券一样发挥银行间市场抵押物的作用。

基于核心模型框架，在第 7.3 节里，我们将引入土地这一变量。根据前文讨论，土地财政是讨论中国地方政府债务的一个重要方面。土地出让收入不仅仅是补充财政资金的重要来源，土地本身也是地方政府借债过程中的重要抵押物。地方政府往往将土地资产注入城投公司，为城投公司向银行借债提供担保。作为抵押物，土地的价值决定了地方政府债券的价值，当地方政府所持有的土地资源减少或者土地价值下降时，银行持有的地方政府债券的风险溢价也将上升，从而导致银行资产负债表受到冲击。具体而言，如果地方政府土地资源有限，那么当在任的地方政府为了偿还当前债务而大量销售土地、筹集偿债资金时，未来地方政府所持有的土地资源就会减少、偿债能力下降，这将降低现在的地方政府债券价值。而且，短期内销售大量土地会导致土地销售的边际价值下降（如由于 Shleifer 和 Vishny（1992）提出的机制，资产清算价值决定债务价值），同样会引发金融风险非线性上升［这也类似于 Brunnermeier（2009）对 2007—2008 年次贷危机的解释］。

7.2　核心模型

在本节里，我们首先解释核心模型的假设，然后推导模型的均衡条件和定理，最后提出模型主要结论。

7.2.1　模型设定

模型共有三期，分别为 $t = 0,1,2$ 。经济中共有三类主体：储户、银行、地方政府。各类主体的效用跨期折现系数均为 1，它们在各期的行为如图 7－1 所示。

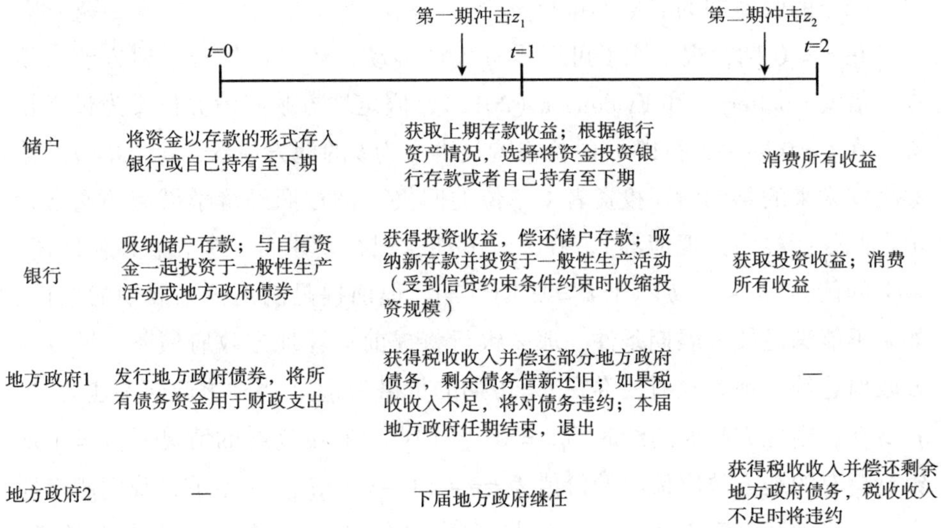

图 7－1　各期时间轴

具体而言，经济中共有总数量为 1 的居民，其中 $1-\beta$ 为储户（Household），β 为银行家（Banker，以下简称银行）。经济中共有 ω 的禀赋，即初始资金，平均分配给各个居民，所以每个代表性的储户和银行都持有 ω 的初始资金，则所有储户共持有 $(1-\beta)\omega$ 的初始资金，所有银行共持有 $\beta\omega$ 的初始资金。储户和银行均为风险中性，生存于 $t = 0,1,2$ 期，其效用是消费的线性函数，所以目标是最大化三期的总消费。地方政府存在任期限制，第一任地方政府从 $t = 0$ 期生存到 $t = 1$ 期，然后退出，由第二任地方政府继任，从 $t = 1$ 期生存到 $t = 2$ 期。我们用 $LG1$ 和 $LG2$ 分别代表第一任地方政府和第二任地方政府。

按照一般的经济学设定方法，假设储户没有自主投资技术，不能直接投资于一般性生产活动，他们唯一的投资渠道是银行存款。如果不将资金存入银行，那么他们可以将无利息的资金 1 比 1 持有至下一期。银行存款是无风险的，利率在存款前决定，最终取决于均衡条件。银行拥有投资技术，可以直接投资于一般性生产活动，在下一期获得回报。因此，在 $t = 0$ 期和 $t = 1$ 期，银行会吸纳储户存款，协定存款利率，然后结合自身资本金用于投资。在下一期，获得投资回报后，银行将存款本金和利息返还储户，剩余的收益即为当期的银行资产。

在 $t = 0$ 期，银行除了可以投资生产活动，还可以投资于地方政府债券。借鉴 Chatterjee 和 Eyigungor（2012），假定地方政府债券投资为长期投资。在 $t = 0$ 期，银行以 q_0 的价格购买本金为 b 的地方债券，每 1 单位的债券将在未来的某期偿还投资者 1 单位的回报（即按照经济学模型的通常设定，此处债券为折现债券）。在 $t = 1$ 期，银行要求 πb 的本金必须偿还，余下的债券 $(1 - \pi)b$ 将于 $t = 2$ 期到期，但前提是满足债务展期的条件。如果不能满足债务展期条件，那么银行将提前清算地方政府债务，导致地方政府违约。地方政府债券在 $t = 1$ 期的价格为 q_1 ，当地方政府不违约时，$q_1 > 0$ ；当地方政府违约时，$q_1 = 0$ ①。因此，在不违约的情况下，$t = 1$ 期银行持有的地方政府债券的价值为 $\pi b + (1 - \pi) q_1 b$ 。在本节，我们假定地方政府将承诺一定偿还债务，除非其所有财政收入不足以覆盖所有债务，则只有被迫违约。在下一节中，我们会将模型拓展到地方政府无法承诺一定偿还债务，因此需要使用土地作为抵押物的情况。

$LG1$ 在 $t = 0$ 期发行地方政府债券，获得 $q_0 b$ 的收益并全部用于财政支出。在 $t = 1$ 期，$LG1$ 将按照固定的税率 τ 向生产活动征税，并使用财政收入偿还 πb 的债务，剩余的财政收入将用于政府活动开支。如果财政收入不能覆盖 πb ，那么 $LG1$ 将被银行拒绝债务展期，被迫违约，所有 $t = 1$ 期的财政收入被银行没收。所以，债务展期的条件即为 $LG1$ 在 $t = 1$ 期的财政收入不小于 πb 。当 $LG1$ 违约时，它将受到（来自中央政府或上级政府

① $q_1 = 0$ 意味着银行清算地方政府债务的清算价值为 0。这一假设是为了数学推导简便。当然，如果清算价值为 0，那么银行将没有动机清算地方政府债务，将会选择继续展期，从而下一期可能获得一定回报。所以，严格来讲，需要假定一定的清算收益（可以数值极小）。因此，此处假定可以视为债务展期的弱条件，这一假定并不会对模型结论产生实质性的影响。

的）惩罚，比如地方政府官员受到上级领导的行政处罚等，假设这一处罚为 D 。所以，$LG1$ 的目标是最大化 $t = 0$ 期和 $t = 1$ 期的财政支出，减去债务偿还资金 πb（在违约时，即为 $t = 1$ 期的所有财政收入），再减去违约时受到的惩罚 D 。

关于 $LG1$ 的假定，有两点需要说明。第一，$LG1$ 只能按照固定的税率 τ 征税，所以不能通过提高税率的办法，增加自己在 $t = 1$ 期的财政收入。做出这一假设主要是因为当前中国地方政府制定独立税收政策的空间非常有限，主要税种的税率都由中央政府制定，这也是为什么现实中的中国地方政府是通过借债等各种途径筹集资金，而不是通过改变税率增加税收收入的方式，这是地方政府和主权政府的重要区别。第二，关于债务展期条件，假设 $LG1$ 必须使用自身财政能力来偿还 πb 的债务。做出这一假设的原因是，基于某些原因，比如信息不对称（Information Asymmetry），银行并不能完全确信 $t = 2$ 期时政府有足够的偿债能力偿还所有债务 b ，所以要求地方政府必须至少偿还 πb 的债务，这样银行便愿意相信地方政府有足够的偿债能力。πb 可以理解为债务展期的"定金"，也可以理解为，在通常债务借新还旧的条款中，要求债务人至少支付利息，而本金可以延展，因此 πb 是 $LG1$ 为了借新还旧而需要支付的利息。

$t = 1$ 期结束前，$LG1$ 将卸任，退出经济，由 $LG2$ 继任。由于 $t = 2$ 期是本模型的最后一期，因此 $LG2$ 将不会发行地方政府债券（按照本模型的债券条款设计，如果发行，将有部分债务在" $t = 3$ 期"到期，显然这超出了模型期限，银行不会购买新发行的地方政府债券）。因此，$LG2$ 在此处扮演了一个"消极"的角色（Passive Role），它在 $t = 1$ 期将不做任何事情，在 $t = 2$ 期将按照税率 τ 征税并偿还 $LG1$ 发行的债券中剩余到期部分。如果不能偿还剩余债务，则 $LG2$ 违约，将所有财政收入交给银行。由于经济在 $t = 2$ 期后结束，因此 $LG2$ 违约不会对未来经济产生任何后续影响。

生产企业的生产函数符合 AK 形式（本模型不单独对企业生产行为进行具体建模）。在 $t = 0$ 期，银行投资于生产活动的资金总计为 k_0 ，产出为 $\varphi(k_0, z_1) = z_1 \gamma k_0$ 。地方政府对产出征税，因此银行拿到的回报是 $z_1(1 - \tau)\gamma k_0$ ，总回报是 $k_0 + (1 - \tau)z_1 \gamma k_0$ 。$\gamma > 0$ ，生产率为正，所以银行拿到的投资净回报永远为正，银行将始终有动机将资金投资于生产活动，而不是像储户一样将资金1比1地持有至下一期。在 $t=1$ 期，$LG1$ 的财政收入为 $\tau z_1 \gamma k_0$，所以当 $\tau z_1 \gamma k_0 < \pi b$ 时，$LG1$ 将因为不满足债务展期条件而违约。在 $t=1$ 期，银行的生产函数为 $f(k_1, z_2) = z_2 \rho k_1$，$k_1$ 为所有银行对生产活动的总投资。同样，$LG2$ 将在 $t=2$ 期征收比例为 τ 的税收，因此银行在 $t=2$ 期能拿回的总回报是 $k_1 + (1-\tau) z_2 \rho k_1$，其中 $\rho > 0$。

经济中唯一的不确定性来源于生产率。假设在 $t=0$ 期和 $t=1$ 期之间，经济体将受到生产率 z_1 的冲击，而在 $t=1$ 期和 $t=2$ 期之间，经济体将受到生产率 z_2 的冲击。我们假设冲击满足马尔可夫过程（Markov Process），z_2 的均值由 z_1 决定，而基于 z_1 的条件分布将等同于 z_1 的无条件分布，$z_1, z_2 \in (0, +\infty)$。具体而言，假设 z_1 为 $[z_{1l}, z_{1h}]$ 上的分布，满足 $z_{1l} < 1 < z_{1h}$，在 $t=0$ 期对 z_1 的预期为1，即 $E_0 z_1 = 1$。对于 z_2，在 $t=0$ 期的期望分布与 z_1 相同，但是当 $t=1$ 期 z_1 实现后，z_2 的分布将根据 z_1 的实现值进行改变。假设 $f(z_2 \mid z_1)$ 和 $F(z_2 \mid z_1)$ 分别为 z_2 的概率密度函数和累计概率密度函数，那么其满足

$$\frac{\partial\ f(z_2 \mid z_1)/(1 - F(z_2 \mid z_1))}{\partial\ z_1} \leqslant 0 \qquad (7-1)$$

作为满足马尔可夫过程的冲击，z_2 的分布将根据 z_1 的实现值进行平移，即 $F(z_2 \mid z_1) = F(z_2 - z_1 + 1)$。$E(z_2 \mid z_1) = z_1$。$z_{2l} = z_{1l} - (1 - z_1)$，$z_{2h} = z_{1h} - (1 - z_1)$。外生生产率冲击的马尔可夫过程假定意味着，当 $t=1$ 期的生产率实现值较低时，$t=2$ 期的生产率预期也将较低，因此，直观上来讲，即使在 $t=1$ 期地方政府不违约，但是由于 $t=2$ 期的产出预期下降，地方政府财政收入下降，导致银行持有的地方政府债券的价值下跌。所以即使没有发生显性违约，银行的资产负债表同样会受到冲击。具体机制，后文将进行详述。

最后，我们需要假设经济中存在金融摩擦，这样银行的资产负债表受到冲击才可能产生非线性的金融风险放大作用。与 Gennaioli、Martin 和 Rossi（2014）类似，我们假设，在每一期吸纳储户存款时，银行最高只能承诺（或者说最高能让储户相信）将下一期所有收益的 α 比例抵押给储

户，所以，银行在吸纳储户存款时，其自身的资本金将扮演重要角色。当其资本金过低时，银行将不能吸纳储户所有存款，被迫收缩资产负债表，减少对生产活动的投资。资本金的角色，类似于最早由 Bernanke 和 Gertler（1989）提出的企业净资本的角色。

7.2.2 均衡的推导

接下来，我们将推导模型的均衡条件。我们将从 $t = 2$ 期倒推回 $t = 0$ 期，首先分析 $t = 2$ 期的经济状态，然后推导 $t = 1$ 期的均衡，最后推导 $t = 0$ 期的均衡。

$t=2$ 期经济结果：

所有银行对生产活动的总投资为 k_1，生产企业使用投入 k_1 进行生产，在 $t = 2$ 期生产的总产出为 $z_2\rho k_1$。所以，k_1 对于 $t = 2$ 期是内生状态变量，而唯一的外生状态变量是 z_2。企业在为生产活动缴税后，将原始投入 k_1 和所有税后产出都返还给银行，所以银行的总回报是 $k_1 + (1 - \tau)z_2\rho k_1$，总回报率（Gross Rate of Return）是 $R_2^i = 1 + (1 - \tau)z_2\rho$，严格大于1，因此银行在任何情况下都有动机在 $t = 1$ 期将所有可获得资金都投入生产，在满足信贷约束的前提下尽可能多地吸纳储户存款。

如果 $LG1$ 在 $t = 1$ 期违约，那么银行将无法得到剩余地方政府债务的偿还，因此投资收益是其唯一回报。如果在 $t = 1$ 期，$LG1$ 没有违约，剩余的地方政府债务得以借新还旧，在 $t = 2$ 期将由 $LG2$ 负责偿还。因此除了从生产活动中获得回报，银行还将从 $LG2$ 处获得剩余地方政府债券的偿付，偿付金额等于 $\max\{\tau z_2\rho k_1, (1 - \pi)b\}$。也就是说，$LG2$ 对债务偿还具有有限责任，它在 $t = 2$ 期的所有财政收入为 $\tau z_2\rho k_1$。如果在支付所有债务后仍然有财政盈余，$LG2$ 将把财政盈余用于其他政府支出。如果 $\tau z_2\rho k_1$ 小于 $(1 - \pi)b$，则 $LG2$ 将被迫违约，将所有财政收入支付给银行。在违约的情况下，由于财政收入小于本应偿还的债务，因此银行会遭受损失。注意到，财政收入 $\tau z_2\rho k_1$ 随 z_2 单调递增，而 $(1 - \pi)b$ 不随 $t = 2$ 期的经济状态变化而变化，所以，假设存在某一阈值 z_2^*，使 $\tau\rho z_2^* k_1 = (1 - \pi)b$，那么可以得到

$$z_2^* = \frac{(1-\pi)b}{\tau\rho k_1} \tag{7-2}$$

当 $z_2 < z_2^*$ 时，$LG2$ 违约。注意到，$z_2^* = z_2^*(b,k_1)$ 是 b 和 k_1 的函数，所以当经济初始时期地方政府借债过高（b 很大），或者银行在上一期对生产活动的投资不足（k_1 很小）时，z_2^* 将更高，$prob(z_2 < z_2^*)$ 更大，也就是说，$LG2$ 违约的风险更高。所以，在 $t = 2$ 期，地方政府债券的价格为

$$q_2 = \begin{cases} 1 & z_2 \geqslant z_2^* \\ \dfrac{\tau\rho z_2 k_1}{(1-\pi)b} & z_2 < z_2^* \end{cases} \tag{7-3}$$

当 z_2 下降时，一方面债券违约风险上升；另一方面，当发生违约时，银行能获得的财政收入边际回报下降。这两方面原因，导致银行在 $LG2$ 违约时遭受损失。

$t = 1$ 期均衡：

首先，考虑 $LG1$ 不违约的情况。根据预期，$t = 1$ 期的地方政府债券价格将是 $t = 2$ 期两种状态下债券价格的加权平均值，而权重为每种状态出现的概率。因此，$t = 1$ 期的债券价格 q_1 取决于 $t = 2$ 期的违约概率，即

$$q_1 = \int_{z_{2l}}^{z_2^*} \frac{\tau\rho z_2 k_1}{(1-\pi)b} dz_2 + \int_{z_2^*}^{z_{2h}} 1\, dz_2 \tag{7-4}$$

可以看出，由于 z_2 的分布取决于 z_1，因此 q_1 是 z_1 的函数。当 z_1 越低时，z_2 的分布将相应地向下移动，因此给定 z_2^*，$z_2 < z_2^*$ 的概率越高，即违约风险越高，所以 q_1 越低。另外，$LG2$ 从上届地方政府继承的债务 $(1-\pi)b$ 越高，q_1 越低。

现在，我们重点分析银行的行为。在 $t = 1$ 期所有生产活动结束后，银行将从生产企业获得所有税后回报，并支付储户存款本金和利息。这一部分财富为 z_1 的简单线性函数（因为产出是 z_1 的线性函数，而需要支付储户的存款本金和利息是固定的）。银行的另一部分财富为所持有的地方政府债券的价值，即 $\pi b + (1-\pi)q_1 b$。我们用 w_1^B 表示银行在支付完储户存款本金和利息后的净资产，由于 w_1^B 包含地方政府债券价值，则 w_1^B 将是 q_1 的函数。我们后面将推导 w_1^B 的具体形式，这里只需要记住的是，由于地方政府债券是银行持有的重要资产，因此债券价格的波动会对银行的净资产价

值产生重要影响。

上文提到，银行在 $t=1$ 期进行投资的总回报率是 $R_2^i=1+(1-\tau)z_2\rho$，由于 $E_1z_2=z_1$，因此 $E_1R_2^i=1+(1-\tau)z_1\rho$。在银行吸纳储户存款时，将用未来的投资总收益作为抵押，但是由于金融摩擦的存在，银行最高只能抵押 α 比例的收益给储户。因此，银行从储户那里得到的存款价值，最高不能超过未来预期总收益的 α 比例。银行在满足信贷约束的条件下，追求利润最大化（吸纳最高额度的存款），其效用最大化问题是

$$\max_{d_1} E_1R_2^i(w_1^B+d_1)-r^{d_1}d_1 \tag{7-5}$$

s. t.

$$r^{d_1}d_1\leqslant \alpha E_1R_2^i(w_1^B+d_1) \tag{7-6}$$

其中，d_1 和 r^{d_1} 分别为吸纳的储户存款和对应的存款利率（注意 $r_1^{d_1}$ 是总利率，等于1加上净利率）。式（7-5）说明，银行的预期收益是结合自身资产和储户存款后的全部资金用于投资所获得的预期总收益，减去需要偿还储户的存款本金和利息。式（7-6）代表了银行面对的信贷约束条件，即银行对储户的所有负债 $r_1^{d_1}d_1$ 的价值不能超过 α 乘以预期总收益。需要假设的是 $r^{d_1}>\alpha E_1R_2^i$，否则银行将可以吸纳无限多的储户存款，同时 $r^{d_1}\leqslant E_1R_2^i$，否则银行将没有任何动机吸纳存款。所以假设各个系数满足 $\alpha E_1R_2^i<r^{d_1}\leqslant E_1R_2^i$。

式（7-5）和式（7-6）是本模型中关于银行的核心假设，代表了银行对金融风险冲击的放大机制。直观上来理解，当银行没有受到信贷条件约束时，银行将不断吸纳储户存款，直至所有储户存款都被银行所吸纳。此时，银行所持有的资金，即为整个经济系统能提供的最大额度资金。然后银行将所有资金用于投资，并获得最大回报。但是，由于受到信贷约束条件限制，银行只能抵押 α 比例的未来收益，因此在给定存款金额的情况下，银行自身净资产 w_1^B 越高，它可以用于投资的资金越高，预期回报也越高，反过来，能够用于抵押的未来收益也就越高，可吸纳的存款就越多，信贷约束条件也越宽松。当银行净资产 w_1^B 降低时，银行将无法吸纳所有储户存款，可用于投资的资金与 w_1^B 成正比。由于银行投资能产生正的净回报，而储户自己持有资金无法获得任何净回报，所以银行受到信贷约束将

导致整个经济系统产出下降，总福利损失。这里的关键，在于银行由于受到信贷约束而引发的经济系统非线性变化。考虑到随着 w_1^B 下降，银行从不受信贷约束的状态下降到受信贷约束的状态。在状态转换的节点，银行将被迫收缩资产负债表，不再能吸纳所有储户存款，储户剩余的资金只能自己持有。因此，用于投资的资金规模将在节点之前保持不变，但在节点之后突然下降。所以，式（7－6）其实是对银行杠杆率的限制，在节点之后，银行将被迫去杠杆化，从而对经济造成冲击。这里的杠杆率是内生的，取决于 $t=1$ 期的预期收益，也就是取决于 z_1 。当经济不景气（ z_1 降低）时，银行的杠杆率将下降。根据式（7－6）可以推导出，当银行被信贷约束条件限制时，银行可吸纳的存款是

$$\beta \frac{\alpha E_1 R_2^i}{r^{d_1} - \alpha E_1 R_2^i} w_1^B \tag{7-7}$$

所以，给定上述关系，在 $t=1$ 期，存在两种均衡：

在第一种均衡下，银行被信贷约束条件限制（Constrained Equilibrium）。在这种情况下，银行吸纳的存款由信贷约束条件所决定，存款利率 $r^{d_1}=1$ ，吸纳的总存款小于储户的总资金①。由于银行不能通过提高存款利率来吸纳更多存款，因此也被称为银行信用配给（Credit Rationing）②。整个经济中的总投资 k_1 为

$$k_1 = \beta \frac{1}{1 - \alpha E_1 R_2^i} w_1^B \tag{7-8}$$

可以看到，在这种均衡中，总投资由银行的净资产与杠杆率共同决定，净资产越低，杠杆率 $1/(1-\alpha E_1 R_2^i)$ 越低，则投资越低。

在第二种均衡下，银行没有被信贷约束条件限制（Unconstrained Equilibrium）。在这种情况下，银行有足够的净资产来吸纳所有储户存款，因此市场竞争决定了银行将提供高于 1 的利率来吸收存款，$r^{d_1}>1$ 。这种情况下，经济中总投资 k_1 为

---

① 当银行存款利率等于 1 时，储户对自己持有资金至下一期和存到银行将没有偏好。这种情况下，储户将愿意持有 0 到最大值（所有储户资金）之间的任何数量的存款。本书假设在这种情况下，储户会将银行能吸纳的存款最高限额存入银行。后文遇到类似情况，假设相同。

② 关于信用配给的概念，可参考 Stiglitz 和 Weiss（1981）。

$$k_1 = \beta w_1^B + (1-\beta) w_1^H \tag{7-9}$$

其中，w_1^H 为每单位储户的资产。也就是说，此时的总投资即为社会中所有的可用资金，社会预期产出将达到最大值。

假设式（7-8）和式（7-9）相等，则可以得出两种均衡的临界点

$$w_1^{B,c} = \frac{1-\beta}{\beta}\frac{1-\alpha E_1 R_2^i}{\alpha E_1 R_2^i} w_1^H \tag{7-10}$$

$w_1^{B,c}$ 代表了银行是否被信贷约束条件约束的净资产阈值。当 $w_1^B < w_1^{B,c}$ 时，银行将被信贷约束；当 $w_1^B \geqslant w_1^{B,c}$ 时，银行不会被信贷约束。

注意到，由于储户存款是无风险的，因此在 $t = 1$ 期，w_1^H 不会随 $t = 1$ 期的经济状态（包括生产率高低、地方政府违约与否）变化而变化，而 $E_1 R_2^i$ 随 z_1 递增，则 $w_1^{B,c}$ 随 z_1 递减。所以，生产率存在某一阈值，用 z_1^c 表示①。当 z_1 低于这一阈值时，w_1^B 将小于 $w_1^{B,c}$，银行进入第一种约束均衡。

引理 7.1：$\exists z_1^c \in [z_{1l}, z_{1h}]$，当 $z_1 < z_1^c$ 时，银行将被信贷约束。在这种均衡下，社会总投资随着银行净资产 w_1^B 上升而上升；当 $z_1 \geqslant z_1^c$ 时，银行不会被信贷约束。在这种均衡下，社会总投资达到可能的最大值，为社会所有可用资金，不随 w_1^B 变化而变化。

可以看出，银行净资产 w_1^B 在这里起到了关键性的作用，它决定了未来经济的预期产出。那么，在此我们需要讨论一下，哪些因素决定了 w_1^B 的高低。虽然暂时没有写出 w_1^B 的具体表达式，但是，前文已经提及，w_1^B 由两部分组成，第一部分是银行在 $t = 1$ 期投资所得减去支付给储户的存款本金和利息。这一部分仅受到生产率的影响，随 z_1 线性变化，z_1 越高则这部分收益越高。第二部分是地方政府债券价值，共计 $\pi b + (1-\pi) q_1 b$，这里的不确定性来自 q_1。之前提到，q_1 随 z_1 递减。当 z_1 下降时，q_1 也下降，这一结果直接导致 w_1^B 下降。当银行处于第二种均衡时，不会有非线性的金融风险放大作用，因为银行仍然能吸纳所有储户资金，投资是 w_1^B 的线性函数。但是如果银行处于第一种均衡，那么 w_1^B 下降将导致投资减少，投资减少意味着 $t = 2$ 期的预期经济产出减少。由于 $t = 2$ 期的债务负担固定为 $(1-\pi) b$，

① 本书假设模型的系数能够保证这一阈值在生产率 z_1 的分布区间内。

而预期 $LG2$ 的财政收入减少，所以地方政府债券在 $t=2$ 期的违约风险上升，再联想到式（7-4），这反过来意味着，现在的地方政府债券 q_1 下跌。q_1 下跌将导致银行净资产 w_1^B 下跌。由于银行被信贷约束，所以净资产下跌意味着银行被迫去杠杆化，可以吸纳的储户存款减少，总投资进一步减少，q_1 进一步下跌。这就是金融风险的非线性放大机制。第一种均衡相比于第二种均衡，当 z_1 下降时，经济系统总投资的减少不仅来源于经济系统中投资资金总量的减少（第二种均衡中的机制），而且来源于银行由于被迫去杠杆化而导致的来源于储户供给的投资资金的减少。所以，随着 z_1 下降，当银行从第二种均衡过渡到第一种均衡时，q_1、k_1 等变量随 z_1 的递减速度将突然增加。

引理 7.2：$\exists z_1^c \in [z_{1l}, z_{1h}]$，当 $z_1 \geqslant z_1^c$ 时，银行不会被信贷约束，不会放大金融风险，债券价格 q_1、银行净资产 w_1^B、生产投资 k_1 随 z_1 的下降而下降，原因在于由于 $t=1$ 期产出减少，社会最大可用资金减少；当 $z_1 < z_1^c$ 时，银行被信贷约束，放大金融风险，债券价格 q_1、银行净资产 w_1^B、生产投资 k_1 随 z_1 的下降速度将非线性上升，原因在于资产价格下跌导致银行被迫去杠杆化，收缩资产负债表，不能将所有社会资金都用于具有更高效率的生产活动投资。

其次，考虑 $LG1$ 违约的情况。在这种情况下，银行持有的地方政府债券的价值等于 $LG1$ 的全部财政收入 $\tau z_1 \gamma k_0$。$LG1$ 违约的临界条件是 $\tau z_1^* \gamma k_0 = \pi b$，所以违约的生产率阈值 z_1^* 是[①]

$$z_1^* = \frac{\pi b}{\tau \gamma k_0} \tag{7-11}$$

当 $z_1 < z_1^*$ 时，$LG1$ 的所有财政收入将不足以覆盖能说服银行进行债务展期的必要债务，所以被迫宣布违约。注意到，根据式（7-11），$LG1$ 违约的阈值 z_1^* 随地方政府债务 b 递增，随银行在 $t=0$ 期的总投资 k_0 递减。当 $LG1$ 在 $t=0$ 期向银行举借更多债务时，由于社会可用的资金在初始阶段是固定的，因此银行能用于一般性生产活动投资的资金将减少，也就是

① 同样，假设模型系数设定保证了这一阈值处于生产率 z_1 的分布区间内。

说，b 增加会使 k_0 减少。因此，政府债务对私人投资有挤出效应。

值得注意的是，因为 $\tau z_1 \gamma k_0 < \pi b < \pi b + (1-\pi) q_1 b$ ，所以如果银行在 $LG1$ 没有违约、$q_1 > 0$ 时依然存在被信贷约束的可能，那么当 $LG1$ 违约时，$q_1 = 0$ ，银行同样会被信贷约束，而且约束条件将更加收紧。因此，可以得到两个生产率阈值之间的关系

$$z_{1l} < z_1^* < z_1^c < z_{1h} \tag{7-12}$$

因此，给定 $t = 1$ 期的状态变量 b 和 k_0 ，根据 z_1 的高低，可以将经济状态分为三个区间，在不同的区间内，经济变量的变化情况将有显著差异。相关结论，由定理7.1阐述。

定理7.1（系统性风险）：在 $t = 1$ 期，$\exists z_1^c \& z_1^*$ ，$z_{1l} < z_1^* < z_1^c < z_{1h}$ 。当 $z_{1l} \leqslant z_1 < z_1^*$ 时，地方政府 $LG1$ 违约，银行受到信贷约束，放大金融风险；当 $z_1^* \leqslant z_1 < z_1^c$ 时，地方政府 $LG1$ 不违约，但是银行仍然受到信贷约束，放大金融风险；当 $z_1^c \leqslant z_1 \leqslant z_{1h}$ 时，地方政府 $LG1$ 不违约，同时银行不受信贷约束，不会放大金融风险。

同时，从式（7－11）可以看到，z_1^* 随着 b 递增，这一方面是因为地方政府债务规模 b 增加，另一方面是因为地方政府增加借债会挤出生产部门投资，导致 k_0 下降，所以当 b 增加时，z_1^* 增加。从 $t = 0$ 期来看，这意味着 $LG1$ 在任期内违约概率更高。从 $t = 1$ 期来看，这意味着 $LG1$ 将在更高的生产率水平下违约。对于 z_1^c ，虽然我们并没有给出其线性表达式，但是从式（7－10）来看，$w_1^{B,c}$ 仅仅是 z_1 的函数，而不是 b 的函数。对于给定的 z_1 ，当 b 增加时，$w_1^{B,c}$ 不变，而 q_1 因为 $t = 2$ 期违约概率上升而下降［如式（7－4）所示］，则 w_1^B 下降，银行陷入信贷约束区间的概率增加，即对应的 z_1^c 上升。所以，阈值 z_1^* 和 z_1^c 都随 b 上升而上升，对于给定的 z_1 ，债券价格 q_1 随 b 递减，而风险溢价 $1 - q_1$ 随 b 递增。

定理7.2（负债水平影响）：在 $t = 1$ 期，当其他变量不变时，z_1^* 和 z_1^c 随 b 上升而上升。$\forall z_1 \geqslant z_1^*$ ，q_1 随 b 上升而下降。$\forall z_1 < z_1^*$ ，$q_1 = 0$ 。当 b 上升时，地方政府在 $t = 1$ 期的违约概率上升，且在未来 $t = 2$ 期的预期违约概率也上升。

$t=0$ 期均衡：

$t=0$ 期是经济的初始阶段。与 $t=1$ 期相同，储户可以选择自己持有无净收益的现金至下期，也可以投资于银行存款。银行拥有投资技术，可以投资于生产活动。全部投资为 k_0，而总收益为 $k_0+(1-\tau)z_1\gamma k_0$，总收益率和预期总收益率分别为 $R_1^i=1+(1-\tau)z_1\gamma$ 和 $E_0R_1^i=1+(1-\tau)\gamma$（因为 $E_0z_1=1$）。

在 $t=0$ 期，银行同样存在是否被信贷约束条件限制的问题，但是在这里，银行是否被约束，将仅仅取决于经济的初始条件，即储户和银行的禀赋，而与银行的投资决策和地方政府借债行为无关。因此，银行是否受到信贷约束，仅仅会影响后续各期经济变量的整体水平，但是不改变模型的主要结论。为了简便起见，假设在 $t=0$ 期，银行始终受到信贷约束。因此根据前文结论，在均衡时，$r^{d_0}=1$，储户的存款 d_0 介于0和 ω 之间。因此，在 $t=1$ 期，单位储户的资产仍然为 ω，所有储户的资金为 $(1-\beta)\omega$。银行是否受到信贷约束的临界条件为 $(1-\beta)\omega=\alpha[1+(1-\tau)\gamma]\omega$，因此，式（7-13）所设定的系数关系保证了银行将始终受到信贷约束。

$$\alpha\leqslant\frac{1-\beta}{1+(1-\tau)\gamma}\tag{7-13}$$

与 $t=1$ 期不同的是，此处银行除了投资生产活动外，还会购买地方政府债券。其购买价格为 q_0，数量为 b，因此总共借给 $LG1$ 的资金额为 q_0b。银行将剩余的可用资金全部投资于生产活动。根据利润最大化的原则，银行进行资产组合选择。由于生产活动的预期收益 $E_0R_1^i=1+(1-\tau)\gamma$ 是固定的，因此地方政府债券的价格 q_0 必须调整到使债券预期收益率同样为 $1+(1-\tau)\gamma$，这样银行才有动机持有地方政府债券。在这种情况下，银行愿意持有任意数量 b 的地方政府债券。

根据这一假设，可以推导出银行在 $t=1$ 期的净资产 w_1^B 的具体形式。因为银行处于第一种均衡，因此所吸纳的存款 d_0 满足

$$(1-\beta)d_0=\alpha[1+(1-\tau)\gamma][\beta\omega+(1-\beta)d_0]\tag{7-14}$$

注意，此处银行虽然购买了地方政府债券，减少了生产活动投资，但是由于地方政府债券价值尚未变化，因此银行可用于抵押的净资产价值仍

然为 $\beta\omega$ 。从式（7－14）可以得到

$$d_0 = \frac{\beta}{1-\beta}\frac{\alpha[1+(1-\tau)\gamma]}{1-\alpha[1+(1-\tau)\gamma]}\omega \tag{7-15}$$

所有银行对生产活动的总投资为

$$k_0 = \frac{1}{1-\alpha[1+(1-\tau)\gamma]}\beta\omega - q_0 b \tag{7-16}$$

到了 $t=1$ 期，在尚未开始下一轮吸纳存款和投资之前，银行获得生产活动投资收益 $k_0 + (1-\tau)z_1\gamma k_0$ 和地方政府债券投资收益 $\max\{\pi b + (1-\pi)q_1 b, \tau z_1\gamma k_0\}$ ，并支付存款本金（根据前文假设和分析，$r^{d_0}=1$ ，所以银行不用支付利息），所以银行的净资产价值为（以总量形式表示）

$$\beta w_1^B = \begin{cases} [1+(1-\tau)z_1\gamma]k_0 - (1-\beta)d_0 + [\pi b + (1-\pi)q_1 b] & z_1 \geqslant z_1^* \\ [1+(1-\tau)z_1\gamma]k_0 - (1-\beta)d_0 + \tau z_1\gamma k_0 & z_1 < z_1^* \end{cases} \tag{7-17}$$

接下来，重点讨论地方政府 *LG*1 的借债行为。由于 *LG*1 必须承诺地方政府债券的预期收益为 $1+(1-\tau)\gamma$ ，所以债券发行价格 q_0 满足

$$1+(1-\tau)\gamma = \frac{\int_{z_1^*}^{z_{1h}}[\pi b + (1-\pi)q_1 b]\mathrm{d}z_1 + \int_{z_{1l}}^{z_1^*}\tau z_1\gamma k_0 \mathrm{d}z_1}{q_0 b} \tag{7-18}$$

可以得到 q_0 为

$$q_0 = \frac{\int_{z_1^*}^{z_{1h}}[\pi + (1-\pi)q_1]\mathrm{d}z_1 + \int_{z_{1l}}^{z_1^*}(\tau z_1\gamma k_0/b)\mathrm{d}z_1}{1+(1-\tau)\gamma} \tag{7-19}$$

从式（7－19）可以看出，三个渠道会导致 q_0 随 b 递减：首先，b 增加会导致 $t=1$ 期违约风险上升；其次，b 增加会导致 q_1 下跌，给定预期收益率，这意味着 q_0 下跌；最后，b 增加会挤出银行对私人部门的投资，k_0 下降，违约时银行获得的财政收入补偿减少。

接下来讨论 *LG*1 如何选择借债规模 b 。*LG*1 的效用最大化问题可以表述为

$$\max_b q_0 b + \int_{z_1^*}^{z_{1h}}(\tau z_1\gamma k_0 - \pi b)\mathrm{d}z_1 - \int_{z_{1l}}^{z_1^*}D\mathrm{d}z_1 \tag{7-20}$$

式（7－20）的含义是，地方政府 *LG*1 的效用包括三部分：首先，*LG*1

发行债券获得的收益为 $q_0 b$ ，将这些收入全部用于 $t = 0$ 期的支出；其次，在 $t = 1$ 期，如果生产率 z_1 足够高，$LG1$ 成功避免违约，那么还可以获得偿还债务后的财政盈余 $\tau z_1 \gamma k_0 - \pi b$ ；最后，如果 z_1 低于生产率阈值导致 $LG1$ 违约，$LG1$ 将受到上级政府的惩罚，遭受效用损失 D 。地方政府 $LG1$ 需要权衡上述三部分的利弊，以此选择对自己最优的债务规模 b ，我们用 b^{sol} 表示这一最优债务规模①。

在式（7－20）中，$LG1$ 的收益 $q_0 b$ 随 b 递增（根据债务发行的拉弗曲线（Bond Issuance Laffer Curve），由于 q_0 会随 b 增长而降低，因此会部分抵消增加 b 带来的收益增加。为简便起见，此处假设（ q_0 ，b ）始终位于拉弗曲线斜率为正的一边，因此增加 b 将始终能增加债券发行收益 $q_0 b$ ）。$LG1$ 的成本 $\int_{z_1^*}^{z_{1h}} (\pi b - \tau z_1 \gamma k_0) \mathrm{d}z_1 + \int_{z_{1l}}^{z_1^*} D \mathrm{d}z_1$ 同样随 b 递增。其中，第一项表示 $LG1$ 在 $t = 1$ 期负的财政盈余，当 b 增加时，$LG1$ 在 $t = 1$ 期需要偿还的债务也随之增加②。第二项表示 $LG1$ 可能受到的惩罚，D 是常数，由于 b 增加会扩大债务违约的风险，因此这一项也随 b 递增。由于 $LG1$ 增加 b 的收益和成本均随 b 递增，而且边际收益递减，边际成本递增，因此存在一个稳定最优值 b^{sol} ，使收益与成本相等③。

定理 7.3（债务规模选择）：存在地方政府根据自身效用函数（7－20）选择的最优债务规模 b^{sol} ，在这一债务规模上，地方政府在考虑了因为违约而受到惩罚损失的情况下，最大化自己任期内的财政收入。

7.2.3 模型结果

上一小节通过数学推导解释了模型的主要性质。为了更加形象直观地表达模型的主要结论，下面通过图 7－2 至图 7－5 来进一步帮助理解地方政府债务对各个经济变量的影响。图 7－2 表示在 $t = 1$ 期，地方政府债券

① 注意，这里的“最优”概念仅仅指满足效用最大化条件，和第 6 章完全市场化条件下的“最优”概念不一样。

② 注意到地方政府需要偿还债务的概率也随 b 增加而降低，不过，同样由于拉弗曲线的性质，需要偿还的债务总额仍然随 b 增加而增加。

③ 假设模型系数设定能让 b^{sol} 落在 0 和银行的最大地方政府债券购买能力内。

价格随生产率的变化。为了反映风险，纵轴选取 $1-q_1$，即风险溢价。可以看到，在最左边的区间，$z_{1l} \leqslant z_1 < z_1^*$，地方政府由于无法偿付到期债务且不满足债务展期的条件，被迫违约，因此未来到期的债券的价值将为0，债券价格 q_1 等于0。在另外两个区间，当 $z_1^c \leqslant z_1 \leqslant z_{1h}$ 时，由于银行能够吸纳储户所有的存款，因此对实体经济投资规模较高，预期未来经济产出较高，下期地方政府违约的概率较低，因此随着生产率的下降，风险溢价 $1-q_1$ 只是缓慢上升。但是当 z_1 下降到 z_1^c 时，由于银行信贷约束条件收紧，进入信贷约束区间，因此随着生产率的下降，可吸纳的存款规模也随之下降。因此，银行被迫去杠杆化，更大限度地减少对实体经济的信贷供给。由于未来经济活动收缩，下期地方政府违约风险加速上升，所以当期的债券风险溢价也加速上升。在信贷约束区间，由于受到生产率下降和银行去杠杆化的双重因素影响，风险溢价上升速度要比在无信贷约束区间上升速度更快。

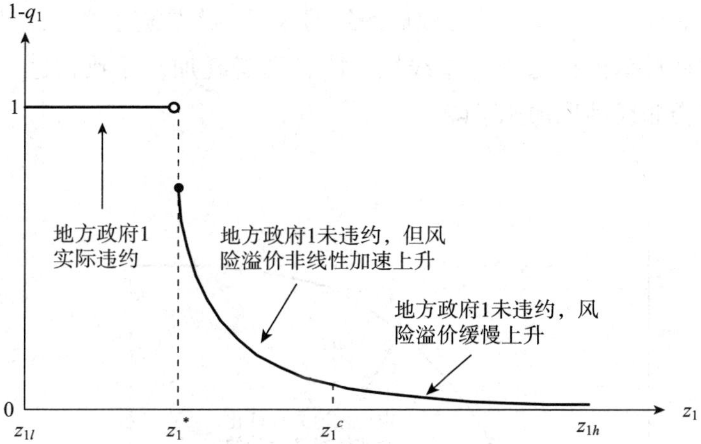

图7-2 $t=1$ 期债券风险溢价随生产率的变化

图7-3显示了银行净资产 w_1^B 随生产率的变化。银行净资产与债券价格 q_1 正相关。从右往左看，在第一个区间，风险溢价上升缓慢，因此银行净资产下降较慢，主要是受到当期产出下降的影响。进入第二个区间后，由于债券价格加速下跌，所以银行净资产下跌得更快。当进入第三个区间、地方政府发生实际违约后，由于未来所有债券的价值会全部损失，因

此银行净资产价值会发生向下的跳跃。

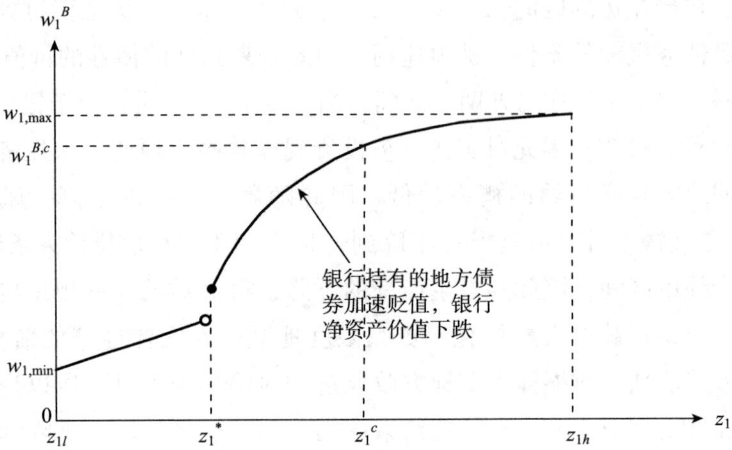

图 7－3　$t=1$ 期银行净资产随生产率的变化

图 7－4 显示了 $t=1$ 期生产投资的变化。其基本变化趋势和 w_1^B 类似，略有不同的地方在于，在地方政府违约的区间，w_1^B 是随生产率线性下降的，但银行的杠杆率同样随生产率线性下降，两者叠加，导致在这一区间内，投资同样会非线性地加速下降。

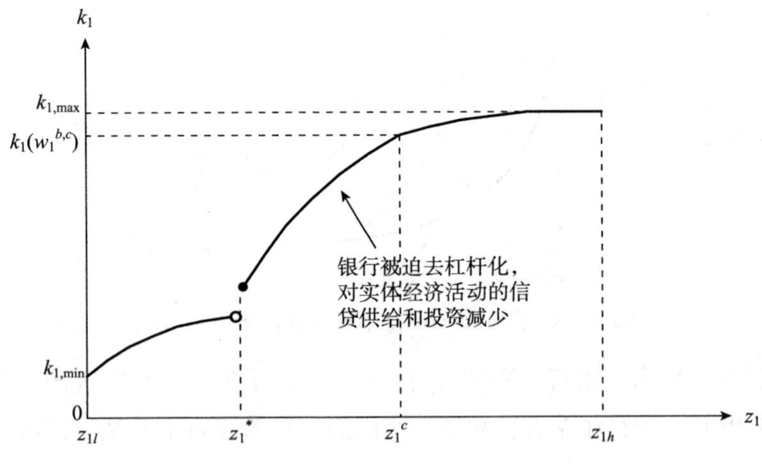

图 7－4　$t=1$ 期实体经济投资随生产率的变化

在同样的生产率水平下，图 7－5 显示，当地方政府借债规模 b 越高时，风险溢价 $1-q_1$ 越高。首先，由于地方政府违约的阈值 z_1^* 上升，如果地方政府高负债，那么在较高的生产率水平下依旧会违约。其次，在地方政府不违约时，由于下届地方政府所要承担的债务规模负担较重，因此违约风险更高，风险溢价也更高。

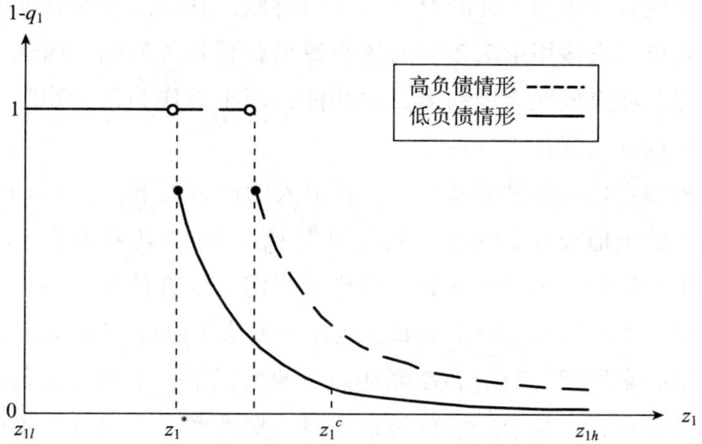

图 7－5　$t=1$ 期债券风险溢价随债务规模的变化

7.3　模型拓展：土地财政的影响

第 7.2 节展示了本章的核心理论模型。在该模型的基础上，本节加入土地这一变量，分析土地财政与地方政府债务风险的关联。

在核心模型中，地方政府承诺银行将按照原本的债券条款偿还所有债务，除非地方政府的所有财力不足以支付债务。银行相信地方政府的承诺，因此不需要抵押物，而是直接按照预期的违约风险对债券进行定价。但是，通常而言，在银行购买债券或者发放贷款时，往往需要债务人提供相应的资产作为抵押。在中国，现实的情况是地方政府将土地等资产注入城投公司等融资平台，然后向银行举借债务。前文已经讨论了，如果过度依赖土地财政作为偿债来源，那么土地资源的枯竭将构成中国地方政府债务的一个重要违约风险来源。因此，在本节中，我们将在核心模型的基础上进行拓展，假设地方政府无法承诺一定还款，因此需要引入土地作为抵押物，讨论在借债过程中引入土地后给我们带来的新启示。

国有土地出让在地方政府债务问题中扮演了两个角色，一是国有土地使用权出让金（即俗称的“卖地收入”）作为地方政府财政收入的重要补充，二是土地自身作为抵押物，是地方政府向银行借债的基础条件。当地方政府将卖地收入作为单纯的财政收入的时候，其特点与税收等财政收入类似，因此可以直接用第7.2节的核心模型解释相关问题。因此，在本节里，我们把关注点放在土地的第二项功能，即土地作为抵押物时，地方债务问题中出现的新变化。

扩展模型在核心模型的基础上，新引入的设定如下：在 $t=0$ 期，$LG1$ 有一个固定的土地资源禀赋 N，其价值为 $V_0(N)$。$LG1$ 将所有土地作为抵押物，向银行借债，因此土地的市场价值决定了地方债务的市场价值。在 $t=1$ 期，$LG1$ 卖掉部分土地、获取卖地收入来偿还银行 πb 的债务，剩余的债务通过银行来展期，留给 $LG2$ 偿还。一般情况下，土地价格和其他经济活动有密切关系，当整个经济较为景气时，房地产行业也较为繁荣，土地价格较高，所以，可以假设在 $t=1$ 期土地价格随生产率 z_1 而递增（$t=2$ 期的关系类似），即

$$\frac{\partial V_1(N)}{\partial z_1} > 0 \tag{7-21}$$

在 $t=0$ 期，地方政府能够从银行获得的最大融资额度是土地抵押物的价值，银行不会借给地方政府超过土地价值的资金。因此，可以得到①

$$q_0 b = V_0(N) \tag{7-22}$$

与定理7.1一样，在 $t=1$ 期经济中，仍然存在三种经济区间，即地方政府违约而且银行受到信贷约束、地方政府不违约但银行受到信贷约束、地方政府不违约而且银行不受到信贷约束。我们假设地方政府的土地资源

① 严格来讲，式（7-22）中的等号应该是小于等于号。在此，我们假设地方政府的最优借债规模大于土地价值，因此地方政府将不断增加借债规模，直到债务规模达到土地价值上限。这一假设的目的，是便于分析土地价值下降时经济系统的变化。当然，也可以进行更一般的假设，即土地价值作为或有约束条件（Occasionally Binding Constraint），然后讨论当地方政府借债规模触及这一条件、从而不能再借债时，经济系统的变化。因此，式（7-22）可以看作该约束条件始终收紧的特殊情况。

足够在 $t = 1$ 期偿付规定需偿付的债务①。接下来，我们将重点讨论经济处于后两种区间时的情况。

在 $t = 1$ 期，$LG1$ 卖掉比例为 θ 的土地、获得收入来偿还 πb ②。假设这一期有一个最优的卖地比例 θ^{op} ，这一比例代表了短期内市场需求方能以最有效率的方式接受土地的最高规模。这一机制，类似于 Shleifer 和 Vishny (1992) 提出的机制，即当一项资产进行出售时，市场上能有效利用该资产的购买者数量有限，该资产对这些资产有效利用者的价值决定了资产的价值。所以，当 $LG1$ 的实际卖地比例 $\theta \leqslant \theta^{op}$ 时，土地销售价值（清算价值）$L(\theta N) = V(\theta N)$ 。当 $\theta > \theta^{op}$ 时，有

$$\frac{\partial L(\theta N)}{\partial \theta} > 0 \tag{7-23}$$

以及

$$\frac{\partial^2 L(\theta N)}{\partial \theta^2} < 0 \tag{7-24}$$

这一结果显示在图 7－6 中。当 $\theta \leqslant \theta^{op}$ 时，土地的清算价值是随 θ 线性变化的，边际清算成本不变，因此没有效率损失。相反，当 $\theta > \theta^{op}$ 时，由于市场无法在短期内消化所有土地销售，因此土地的边际清算成本上升，土地清算价值仍然随 θ 上升但上升速度逐渐降低。

也就是说，当短期内土地销售比例超过 θ^{op} 时，地方政府继续销售土地所得到的单位面积土地边际回报将递减。为简便起见，假设在最初地方债券条款设计时，πb 正好对应于预期销售比例为 θ^{op} 时所得到的销售收入，也就是说，$\pi b = L(\theta^{op} N) = V(\theta^{op} N)$ ，那么剩余债券价值 $(1-\pi) q_1 b = L[(1-\theta^{op})N] = V[(1-\theta^{op})N]$ 。然而，如果外生负向冲击比预期得更严重，$z_1 < 1$，那么 $V_1(\theta^{op} N) < \pi b$ 。为了避免违约，地方政府必须卖掉更多土地，即增加 θ 。假设满足债务偿付标准需要销售的土地比例为 θ_1 ，则有

$$\frac{\partial \theta_1}{\partial z_1} < 0 \tag{7-25}$$

---

① 由于土地是抵押物，所以银行如果可以清算国有土地，那么可以弥补部分损失。不过，清算土地将导致后文谈到的清算成本，因此银行从地方政府那里获得的实际赔偿有限。

② 在这里，偿债资金来源于土地收入，而不是第 7.2 节核心模型中的税收收入。

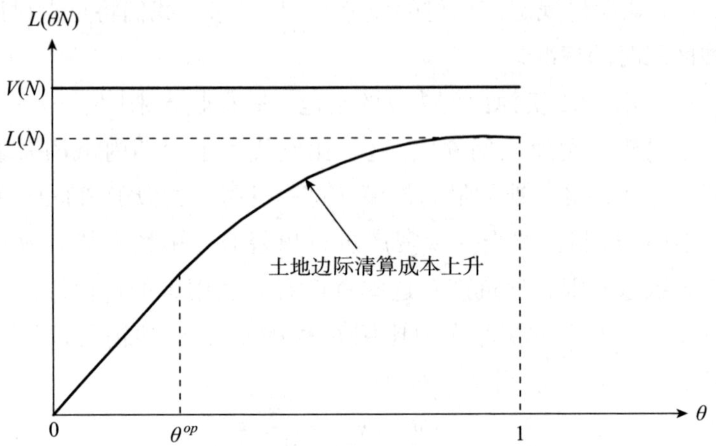

图 7-6　土地清算成本变化

以及

$$\frac{\partial^2 \theta_1}{\partial z_1^2} > 0 \qquad (7-26)$$

也就是说，当 z_1 下降时，θ_1 将随其加速上升，即地方政府必须加速卖掉更多土地来弥补边际土地销售收入下降的损失。因此，剩余土地 $(1-\theta_1)N$ 的价值将随 z_1 非线性地加速下跌，即

$$\frac{\partial V_1[(1-\theta_1)N]}{\partial z_1} > 0 \qquad (7-27)$$

以及

$$\frac{\partial^2 V_1[(1-\theta_1)N]}{\partial z_1^2} < 0 \qquad (7-28)$$

图 7-7 解释了这一结果。在 z_1 低于预期值后，由于 $LG1$ 增加了自己任内的土地销售，因此在剩余可供抵押土地面积减少和清算损失增加的双重因素作用下，剩余土地价值加速下跌。

注意到，在 $t=1$ 期，银行持有的未到期的地方政府债券的价值，取决于剩余的土地抵押物的价值，即

$$(1-\pi)q_1 b = V_1[(1-\theta_1)N] \qquad (7-29)$$

所以，这里揭示了引入土地抵押物后，地方债务风险新的重要启示。

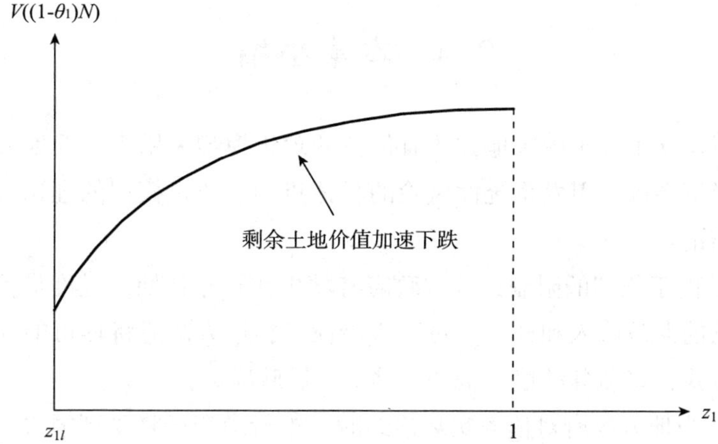

图 7－7　剩余土地价值变化

通过土地的渠道，经济冲击会有两方面的影响：第一，更低的 z_1 降低了原本的土地价值 $V_1(N)$（经济衰退导致土地市场降温，土地价格下降），所以在偿还 $t = 1$ 期的债务后，剩余的土地价值将更低。第二，更低的 z_1 意味着 *LG*1 必须增加它在当期卖掉的土地比例 θ_1，从而弥补由于土地边际销售收入下降而产生的损失。这进一步减少了 *LG*2 所拥有的土地资源，剩余的地方政府债券价值 $(1 - \pi)q_1 b$ 也会进一步下跌。

由于土地清算成本的存在，因此，当地方政府过度借债并面临偿付危机时，虽然整体土地资源的充沛可以在短期内保证地方政府能负担债务偿还责任，避免短期内违约，但是由于短期内清算土地会造成土地资源被低效利用，边际土地销售价格和收入将下降。因此，之后的地方政府所掌握的土地资源的价值会下降，对应的以土地为抵押物的地方政府债券的价格 q_1 也会下跌。这之后，q_1 下跌给经济系统所带来的影响，将与第 7.2 节核心模型的机制类似。这里扩展模型区别于核心模型的关键点在于，在地方政府高负债的前提下，经济下滑对债务违约风险的影响渠道，不是通过降低财政税收收入，而是通过降低土地作为抵押物的价值，来影响债券价格，进而构成对金融系统的负面冲击。

7.4 本章小结

本章建立了关于中国地方政府债务的理论模型，用于解释地方政府债务影响经济系统、引发系统性风险的具体机制。通过模型的理论分析，得到以下结论：

（1）由于任期的限制，地方政府有动机在自身任期内过度借债，从而增加自己的财政收入和开支。对于所借债务，地方政府将尽可能通过借新还旧的方式，将债务的偿还责任转移给下届政府。

（2）当地方政府对债务实际违约时，银行净资产将受到损失。即使地方政府没有发生实际违约，由于风险溢价上升会导致银行持有的债券价值下跌，银行的资产负债表同样会受到冲击。银行净资产下降的后果是，银行将受到信贷约束而被迫去杠杆化，收缩对实体经济的信贷供给，导致实体经济产出下降，而这又会导致地方政府的偿债能力进一步弱化，地方政府违约风险和债券风险溢价进一步上升，形成金融和经济体系中的恶性循环，造成系统性风险的爆发。

（3）当地方政府使用土地作为抵押物向银行借债时，地方政府债券的价值受到土地价值的影响。在经济下行、土地价格下降时，地方政府将清算更多的土地来偿还债务，而这会导致地方政府剩余的土地资源价值降低、以土地作为抵押物的债券的价格下跌、风险溢价上升，进而触发系统性风险。

第8章　结论与政策建议

8.1　主要结论

（1）对债务危机与量化宽松货币政策的研究

债务危机是经济学与金融学中一个永恒的话题。我们通过对近800年来经济金融史的研究发现，各国经济、金融危机的爆发有一半以上都是由各种债务风险和债务违约引发的。研究债务危机，有助于我们在未来避免犯下同样的错误，有助于我们更深刻地理解经济规律和制定经济政策。

通过对债务危机的理论研究，我们发现，债务危机本质上是借债主体对未来信用的过度透支，直至出现不能支付本金或利息的“明斯基时刻”。美国次贷危机爆发的表面原因是当时美国住房抵押贷款利率快速上升，导致房屋贷款人还款压力迅速增大，进而违约，但深层次的原因是美国自20世纪80年代以来，一直放宽对金融业的限制，推进金融自由化和所谓的金融创新。欧债危机的爆发则是由于部分欧元区国家在次贷危机后自身经济发展放缓、财政收入下降，但在欧元区大伞的保护下，产生了信息不对称，经济发展、社会福利支出过度依赖债务，当债务融资不能持续时，这些欧元区国家的主权债务违约风险迅速上升并最终导致系统性风险爆发。本轮债务危机给我们留下的深刻教训以及很多可以汲取的经验是，过去几十年铸就经济增长奇迹的“魔法”渐渐失效：婴儿潮渐渐退去（人口要素）、新技术的幻想一次次破灭（技术要素）、全球化已成强弩之末（TFP效率要素）。过度的金融创新并没有带来GDP增速的显著回升，反而最终引发全面的债务危机。

面对过去十年全球范围的严重债务风险，主要发达国家的应对政策归结起来大致包括以下几点：1）降低利率，减小债务的发散速度，债务危机类似于血癌，只有降低利率才能减弱癌细胞扩散。欧美国家都先后将基准利率降至零附近。2）努力将通胀水平提高到一定目标值，降低存量债务的实际购买力，避免形成“债务—通缩”陷阱。比如，美联储一直希望将核心 PCE 通胀率提升至 2% 左右。我们认为，对应于美国的“实际 GDP 同比 3% + 核心 PCE 同比 2%”组合，中国的理想状态是“实际 GDP 同比 6% + CPI 同比 3%”组合。3）迅速确认债务损失，进行破产重整、债务减计，避免让坏机构拖垮好机构，机构的坏的部分拖垮好的部分。4）积极恢复经济增长，使企业、政府重新提升经济效益，恢复造血能力。这其中，第一、第二点都是通过量化宽松货币政策来实现的。

对于全球主要中央银行实施的量化宽松货币政策，我们发现，该政策的实施迅速稳定了几乎崩塌的金融市场，资本市场价格迅速反应；实体经济对量化宽松货币政策刺激的反应时滞明显缩短至 0 ~3 个月，但量化宽松货币政策对中美两国经济的促进作用持续期都不到 1 年，并不能推动经济长期稳定增长。与此同时，中国货币政策对通胀和产出变动的反应体现出典型的非线性特征，即在低增长时期和高增长时期，人民银行的利率调节更直接地体现为对实际产出变动的响应，将稳定产出视为当务之急；而在温和增长区域，货币政策才更趋向于对通胀的调节。这与人民银行“以稳定币值为首要责任”的经典理论并不完全符合。

（2）对中国地方政府债务问题的研究

中国地方政府债务问题，在近年来得到了极大关注。由于地方政府债务规模十分庞大，因此人们担忧债务违约会引发中国金融系统性风险。深入分析中国地方政府债务问题的现状，研究中国地方政府高负债问题形成的原因和产生的影响，在学术理论层面和政策实践层面都具有重要价值。

本书对中国地方政府债务问题进行了理论和实证两方面的研究。在全面细致地描述中国地方政府债务问题现状的基础上，本书通过建立理论模型一，从中央政府和地方政府相互作用影响的角度出发，说明了产生地方政府过度借债行为的原因。以往的文献多数强调地方政府单方面激励的原因，比如地方政府追求政绩等。本书的理论模型指出，中央政府的政策目标和政策选择同样重要。中央政府为了规避债务违约造成的短期经济损失，对地方政府债务采取担保和救助，可能造成长期系统性风险的不断积累和最终爆发。地方政府高负债，是中央政府和地方政府共同机会主义造成的结果。

理解了高负债产生的原因，那么接下来的问题就是高负债会产生什么影响。本书建立的理论模型二，说明了由于地方政府债务资金大量来源于以银行为主的金融体系，因此地方政府债务违约可能引发系统性风险爆发。而且，更关键的是，即便没有出现事实违约，经济环境恶化或者债务水平增长引发的未来债务违约预期概率上升，其影响也会直接体现在当下。影响机制的核心是，违约或者潜在违约会降低银行净资产价值，导致银行收缩资产负债表，减少信贷供给，实体经济收缩，地方政府偿债能力进一步恶化，风险溢价进一步上升，形成恶性循环。有别于一般的金融风险，地方政府违约的风险可能引发整个金融体系和金融市场的崩溃，因此是系统性风险。另外，对土地财政的分析表明，土地市场衰退可能成为地方政府债务违约、系统性风险爆发的导火索。

8.2　治理地方政府债务的政策建议

对于中国地方政府债务，如何建立规范、透明、科学、可持续的地方政府债务监管体系，使地方政府债务规模不会像过去几年一样无序地快速增长，而能够维持在相对稳定的水平，是一个复杂的、深入的、涉及多个领域的、需要全面考虑的话题。尽管我们判断中国短期内应该不会出现资不抵债、破产清算的风险，但债务的流动性风险、资产错配风险依然需要高度重视，并及时采取有力措施加以化解。在此，我们从中央政府、地方政府、金融机构、私人部门等几个方面提出意见和建议，供决策者参考和研究者探讨。

第一，中央政府不能再通过超发货币、征收隐性的通货膨胀税的方式来化解未来可能的债务风险，再用此法可能会将债务风险传递为汇率风险。因为，无论是人民币的绝对发行量（广义货币发行量 M_2），还是相对发行量（马歇尔K值）在全球所有主要经济体中都高居榜首，人民币本身也存在着一定的汇率风险（根据货币区总财富理论、购买力平价、汇兑心理学、汇率目标区理论，人民币已经不再被低估）。此法乃是饮鸩止渴之举，同时也是对全社会财富的侵蚀。中央政府应明确地方政府的偿债主体责任，不能大包大揽；在逐一调查、厘清真实债务和地方政府已尽全力的基础上，通过中央政府建立偿债基金作为一种补充，其目的是缓解部分地区因流动性短缺而出现的信用违约，为地方政府逐渐弥补资金缺口“购买时间”。与此同时，必须硬化地方政府的预算约束机制；偿债基金的使用不能无偿，需计算相应的成本。

而且，应及时控制债务存量水平并使其透明化，就目前的债务规模而言，尽管有较大的利息及本金偿付压力，但总体而言，地方政府尚有足够的资产和资源用于偿还债务。随着经济的平稳增长，通过“政府—企业—居民”三部门体内循环，实现地方政府的退出和居民部门的进入，其债务风险还是可以得到化解的，断然不可再大幅增加负债。鉴于地方政府融资方式的多样化及隐蔽化，债务总额的透明化是控制地方债务规模的必要条件。中央政府可建立一些类似于“债务总额/GDP”“债务总额/一般预算收入”的刚性量化指标，通过法律法规要求地方政府公布各类债务，同时还必须对地方债务形成刚性市场约束机制。

第二，地方政府不能一直过无约束地“好日子”，一定要削减支出，降低效益低下的各类投资，在覆盖未来利息支出的同时，逐步降低债务存量水平。引进社会资金，进行债务重组是一个重要的解决路径。一方面，过去在“四万亿元”投资期间，“国进民退”现象非常明显，政府和国有企业通过借贷主导大规模的投资，大量民间投资被挤出，但事实已经证明这种方式效率非常低下，未来必须将民间资金有效地引导到实体经济中来，借以提高实体经济不断下滑的全要素生产率。另一方面，当前整个经济已经背上了沉重的债务枷锁，而在“债权—债务”结构中，政府和企业部门是债务人，居民部门是债权人，只有通过资产剥离重组、引入社会资本，将“债权—债务”结构转换为股权结构，才能有效降低整个经济体的债务包袱，重新轻装上路。

另外，国外一些有效的偿债创新也可以参考。例如，对债务负担严重的地方政府来说，可借鉴意大利政府近年应对欧洲主权债务危机的“售后返租”方式，将政府的非经营类资产出售，以获取资金偿还债务，同时只需花一小部分资金租赁使用售出资产，从而缓解政府短期的偿债压力。

第三，银行体系是地方债务的主要提供者，当前监管当局公布的低水平银行贷款不良率很可能是信息失真的结果，这将造成对潜在债务风险的严重误判。通过信贷、理财产品及其他渠道间接流向地方债务的银行资金等估计占银行总信贷额的25%～30%，银行需对理财产品和其他渠道流向地方债务的资金分类清理，对于已形成的或可能形成的呆坏账，应该借鉴过往的成功经验进行及时、有效地处置。例如20世纪90年代比较成功的“债转股”，有效地将债权人的债权转化为股权；又如资产证券化，将过去投资中形成的固定资产进行证券化；再比如通过已有的不良资产管理方法解决债务问题。

另外，融资方式方面也应该“开正门、关后门”。回顾过去10年的地方政府债务扩张史，我们发现其举债方式在中央不断出台限制政策后，越来越多样化、越来越隐蔽化。从最初的信贷、债券，到后来的信托、融资租赁、各种形式的发展基金。融资方式的复杂化、隐蔽化带来了更多的寻租空间，也使地方政府的债务成本不断上升。利息成本4%以内的地方政府债券，7%以内的信贷、债券尚可持续，而利息率10%左右的信托资金、融资租赁必将把地方政府债务带入绝境。因此，在控制总量的前提下，进行债务置换，用低成本的地方政府债券替换高成本的其他融资方式是正解。

第四，由于我国私人部门的资产负债状况比较良好，因此通过“政府部门—私人部门”的资产与资金交易，应当是消化地方政府债务的有效方法。但这个过程需要进行若干相关制度的完善：（1）坚持公开与透明的原则，杜绝私下进行幕后交易，以防止可能出现的道德风险；（2）鼓励本地社保、养老基金参与，为这部分资金提高收益拓宽投资渠道；（3）优先组织本地居民募集基金和信托资金投资自来水务、污水处理、垃圾处理、地方电力、收费交通等有长期稳定现金预期、并有较大价格调整空间的项目上，使本地普通居民能够享受优质资产带来的长期收益，而不是向少数暴富群体倾斜；（4）在此基础上，建立本地公众作为投资人来广泛参与的良好公司治理结构，解决地方国有企业长期以来难以解决的治理缺陷。

第五，在必要的情况下，可以突破目前法理的限制，尝试个别债务特别严重的地方政府进行破产重整。具体措施可包括：（1）降低财政工资支出（降低绩效、奖金），削减公务员、事业编制人员；（2）降低财政建设支出，限制所在区域的政府基础设施和公益项目建设；（3）对相关政府部门负责人进行行政追责、过程审计；（4）上级财政部门进行适当的财政救助；（5）协调相关金融机构进行债务展期，减轻短期偿债压力。

人类从历史中学到的唯一教训，就是人类无法从历史中学到任何教训。

——黑格尔

包括本轮次贷危机和欧债危机在内，历史上每一轮的债务危机，虽然其爆发的原因具体到中、微观层面会有所不同，但从宏观层面看，多数与过于宽松的货币政策环境推动信用过度扩张有关，而最终结果是资产价格泡沫破裂，借债主体违约或破产，并引发金融体系的剧烈震荡和实体经济的收缩。尽管如此，当人们再次面对短期的经济问题时，仍然总是习惯性地依赖于通过货币政策来解决问题，却往往忽视这样可能带来的长期经济金融风险。货币政策、财政政策、金融监管政策，这些政策需要相互配合，才能正确引导经济的长期稳定发展，而通过举借债务来推动经济，虽然短期增长表现可能较好，但长期蕴藏的风险却更高，债务危机是这种风险集中爆发的结果。我们在研究国际债务危机的同时，也希望从这项研究中得到的成果，能够帮助我们科学、全面、深入地看待中国的债务问题。目前中国地方政府的债务规模较高且债务扩张速度较快，这会给地方政府带来巨大的偿债压力和违约风险，而考虑到中国特有政治经济体制下社会各部门资产负债表之间的紧密联系，地方政府的债务可能会转移给中央政府或者企业，从而引发全面的金融系统性危机。债务危机所带来的损失，最终还是要由全体居民来承担。所以，我们希望，社会各界都能从历史中学到经验教训，妥善化解我国所面临的金融风险，促进中国经济的长期健康发展。

参考文献

[1] 陈华，汪洋．经济复苏走势、经济刺激政策及其退出计划有关问题的国内外综述［J］．管理评论，2011，23（8）：27－35.

[2] 陈静．量化宽松货币政策的传导机制与政策效果研究——基于央行资产负债表的跨国分析［J］．国际金融研究，2013（2）：16－25.

[3] 陈磊，侯鹏．量化宽松、流动性溢出与新兴市场通货膨胀［J］．财经科学，2011（10）：48－56.

[4] 陈千里，周少甫．上海指数收益的波动性研究［J］．数量经济技术经济研究，2002，18（6）：122－125.

[5] 陈志勇，陈思霞．制度环境、地方政府投资冲动与财政预算软约束［J］．经济研究，2014，49（3）：76－87.

[6] 邓淑莲，彭军．地方政府债务风险控制的国际经验及启示［J］．财政研究，2013（2）：71－74.

[7] 中华人民共和国审计署．第35号审计结果公告：全国地方政府性债务审计结果［EB］，2011.

[8] 中华人民共和国审计署．第32号审计结果公告：全国政府性债务审计结果［EB］，2013.

[9] 国家统计局课题组．我国现阶段通货膨胀可容忍区间探讨——通货膨胀趋势研究课题系列之二［J］．统计研究，2005，21（5）：3－5.

[10] 郭琳，樊丽明．地方政府债务风险分析［J］．财政研究，2001（5）：64－68.

[11] 范剑勇，莫家伟．地方债务、土地市场与地区工业增长［J］．经济研究，2014，49（1）：41－55.

[12] 范为，俞乔，刘江波．基于 Monte-Carlo 的 CMOs 多因素定价模

型研究［J］．管理评论，2014，26（3）：17－26.

［13］龚强，王俊，贾坤．财政分权视角下的地方政府债务研究：一个综述［J］．经济研究，2011，46（7）：144－156.

［14］韩鹏飞，胡奕明．政府隐性担保一定能降低债券的融资成本吗？——关于国有企业和地方融资平台债券的实证研究［J］．金融研究，2015（3）：116－130.

［15］黄芳娜．中国地方政府债务管理研究［D］．财政部财政科学研究所，2011.

［16］黄国桥，徐永胜．地方政府性债务风险的传导机制与生成机理分析［J］．财政研究，2011（9）：2－5.

［17］胡海鹏，方兆本．AR-EGARCH 模型对中国股市波动性的拟合分析［J］．系统工程，2002，12（4）：31－36.

［18］贾康，刘微，张立承，等．我国地方政府债务态势及其国际借鉴：以财政风险为视角［J］．宏观经济，2009（1）：5－24.

［19］贾康，刘微，张立承，等．我国地方政府债务风险和对策［J］．经济研究参考，2010（14）：2－28.

［20］姜子叶，胡育蓉．财政分权、预算软约束与地方政府债务［J］．金融研究，2016（2）：198－206.

［21］莱因哈特，罗格夫．这次不一样：八百年金融危机史［M］．北京：机械工业出版社，2012.

［22］刘海影．中国巨债——经济奇迹的根源与未来［M］．北京：中信出版社，2014.

［23］刘克崮，翟晨曦．调整五大战略，应对美量化宽松政策［J］．管理世界，2011（4）：1－5.

［24］刘兰芬，韩立岩．量化宽松货币政策对新兴市场国家的溢出效应分析——基于中国和巴西的经验研究［J］．管理评论，2014，26（6）：13－22.

［25］刘乔志，范为，黄裕心．抵押贷款证券化产品定价提前偿付概率模型［J］．价值工程，2008，10（2）：158－164.

[26] 刘尚希，赵全厚，孟艳，等．“十二五”时期我国地方政府债务压力测试研究 [J]. 经济研究参考，2012 (8)：3－58.

[27] 刘少波，黄文青．我国地方政府隐性债务状况研究 [J]. 财政研究，2008 (9)：64－68.

[28] 刘胜会．中美两国宽松货币政策的比较研究——兼论退出之路 [J]. 国际金融研究，2010 (2)：38－47.

[29] 刘霞辉．论实体经济与虚拟经济的关系 [J]. 世界经济，2004 (1)：37－43.

[30] 李扬，张晓晶，常欣，等．中国主权资产负债表及其风险评估 (上) [J]. 经济研究，2012a，47 (6)：4－19.

[31] 李扬，张晓晶，常欣，等．中国主权资产负债表及其风险评估 (下) [J]. 经济研究，2012b，47 (7)：4－21.

[32] 陆军，钟丹．泰勒规则在中国的协整检验 [J]. 经济研究，2003，48 (8)：76－86.

[33] 罗荣华，刘劲劲．地方政府的隐性担保真的有效吗？——基于城投债发行定价的检验 [J]. 金融研究，2016 (4)：83－98.

[34] 孟庆斌，范为，靳晓婷，等．“控通胀”还是“保增长”——我国货币政策非线性反应规则研究 [J]. 管理评论，2014，26 (9)：3－10.

[35] 齐晓楠，成思危，汪寿阳，等．美联储量化宽松货币政策对中国经济和人民币汇率的影响 [J]. 管理评论，2013，25 (5)：3－10.

[36] 欧阳志刚，史焕平．后金融危机的货币供给过剩及其效应 [J]. 经济研究，2011 (7)：102－115.

[37] 潘成夫．量化宽松货币政策的理论、实践与影响 [J]. 国际金融研究，2009 (8)：4－9.

[38] 盛夏．美国量化宽松货币政策对中国宏观金融风险的冲击 [J]. 管理世界，2013 (4)：174－177.

[39] 宋立．市政收益债券：解决地方政府债务问题的重要途径．管理世界，2004 (2)：27－34.

[40] 苏治，黄雨婷，范为，等．量化宽松对经济复苏到底有多大的作

用？[J]．管理评论，2015，27（7）：46－56.

[41] 谭小芬．美联储量化宽松货币政策的退出及其对中国的影响[J]．国际金融研究，2010（2）：26－37.

[42] 万志宏，曾刚．量化宽松货币政策的实践——以日本为例[J]．国际金融研究，2011（4）：10－17.

[43] 王建国．泰勒规则与我国货币政策反应函数的实证研究[J]．数量经济与技术经济研究，2006，23（1）：43－49.

[44] 汪莉，陈诗一．政府隐性担保、债务违约与利率决定[J]．金融研究，2015（9）：66－81.

[45] 王永钦，戴芸，包特．财政分权下的地方政府债券设计：不同发行方式与最优信息准确度[J]．经济研究，2015，50（11）：65－78.

[46] 王煜，张红地，余明．"货币政策目标与操作"国际研讨会综述[J]．中国金融，2002，8（1）：23－27.

[47] 武娜，王群勇．金融稳定还是经济增长：中央银行利率政策的门限转换特征[J]．当代经济科学，2008，29（4）：73－79.

[48] 吴盼文，曹协和，肖毅，等．我国政府性债务扩张对金融稳定的影响——基于隐性债务视角[J]．金融研究，2013（12）：57－71.

[49] 吴晓求．实体经济与资产价格变动的相关性分析[J]．中国社会科学，2006（6）：55－64.

[50] 肖文伟，杨小娟．货币政策时滞问题实证分析[J]．系统工程，2010，28（7）：97－101.

[51] 夏斌，廖强．货币供应量已不宜作为当前我国货币政策的中介目标[J]．经济研究，2001，46（8）：33－43.

[52] 谢平，罗雄．泰勒规则及其在中国货币政策中的检验[J]．经济研究，2002，47（3）：33－13.

[53] 闫力，刘克宫，张次兰．货币政策有效性问题研究[J]．金融研究，2009（12）：59－71.

[54] 岳朝龙．上海股市收益率 GARCH 模型族的实证研究[J]．数量经济技术经济研究，2001，17（6）：126－129.

[55] 于海峰，崔迪．防范与化解地方政府债务风险问题研究［J］．财政研究，2010（6）：56－59.

[56] 俞乔，范为．中国政府债务会陷入“明斯基时刻”吗？［N］．第一财经日报，2013－11－4.

[57] 俞乔，范为．地方债务治理靠约束和创新［N］．经济观察报，2013－11－25.

[58] 俞乔，范为．中国经济的债务风险考验改革正能量的释放［N］．每日经济新闻，2013－12－30.

[59] 张翠微．从公开市场操作的发展变化分析主要国家央行非常规货币政策的退出机制［J］．金融研究，2010（1）：67－76.

[60] 张蕾．基于STAR模型的中国货币需求函数研究［J］．管理评论，2012，24（10）：11－17.

[61] 张礼卿．量化宽松Ⅱ冲击和中国的政策选择［J］．国际经济评论，2011（1）：50－56.

[62] 张维，邱勇，郝刚．基于多银行贷款池的合成CDO设计［J］．现代财经，2007，27（9）：6－13.

[63] 郑春荣．中国地方政府债务的真正风险：违约风险之外的风险［J］．公共行政评论，2012，12（4）：52－76.

[64] 钟辉勇，陆铭．财政转移支付如何影响了地方政府债务？［J］．金融研究，2015（9）：1－16.

[65] 周小川．关于改革国际货币体系的思考［A］．中国人民银行网站，2009.

[66] 周炎，陈昆婷．利差、准备金率与货币增速——量化宽松政策效率的均衡分析［J］．经济研究，2012（7）：22－34.

[67] 朱世武．基于Copula函数度量违约相关性［J］．统计研究，2005，21（4）：61－64.

[68] Agniar M.，G. Gopinath. Emerging Market Business Cycle：The Cycle is the Trend［J］. Journal of Political Economy，2007，115（1）：69－102.

[69] Ang Andrew, Jennie Bai, and Hao Zhou. The Great Wall of Debt: Corruption, Real Estate, and Chinese Local Government Credit Spreads [R]. Columbia University, Georgetown University, and Tsinghua University Working Paper, 2015.

[70] Baba N., Nakashima M., Shigemi Y et al.. The Bank of Japan's Monetary Policy and Bank Risk Premiums in the Money Market [J]. International Journal of Central Banking, 2006, 2 (1): 105-135.

[71] Baumeister C., Benati L. Unconventional Monetary Policy and the Great Recession: Estimating the Impact of a Compression in the Yield Spread at the Zero Lower Bound [J]. International Journal of Central Banking, 2013, 9 (2): 165-212.

[72] Baumeister C., Benati L. Unconventional Monetary Policy and the Great Recession: Estimating the Macroeconomic Effects of a Spread Compression at the Zero Lower Bound [R]. Bank of Canada Working Papers, 2012.

[73] Baur G, Lucey M. Is Gold a Hedge or a Safe Haven? An Analysis of Stocks, Bonds and Gold [J]. Eastern Finance Association, 2010, 45 (2): 217-229.

[74] Bhaduri S., Sethudurai R. Non-Linear Taylor Rule through Threshold Estimation [R]. Munich Personal RePEc Archive Working Papers, 2013.

[75] Black F. Studies of Stock Market Volatility Changes [C]. Proceedings of the American Statistical Association Business and Economic Statistics Section, American Statistical Association, Chicago, Pearson Press, 1976.

[76] Bolton, Patrick, and Olivier Jeanne. Sovereign Default Risk and Bank Fragility in Financially Integrated Economies [J]. IMF Economic Review, 2011, 59 (2): 162-194.

[77] Brennan J., Schwartz S. Determinants of GNMA Mortgage Prices [J]. AREUEA Journal, 1985, 13 (3): 209-228.

[78] Brunnermeier, Markus. Deciphering the Liquidity and Credit Crunch 2007—2008 [J]. Journal of Economic Perspectives, 2009, 23 (1):

77 -100.

[79] Calvo, G.. Servicing the Public Debt: The Role of Expectations [J]. American Economic Review, 1988, 78 (4): 647 -661.

[80] Chang Jian, Lingxiu Yang, and Yiping Huang. How Big is the Chinese Government Debt? [J]. China Economic Journal, 2013, 6 (2 -3): 152 -171.

[81] Christense J., Rudebusch G. The Response of Interest Rate to US and UK Quantitative Easing [J]. The Economic Journal, 2012, 122 (564): 385 -414.

[82] Chung H., Laforte J., Reifschneider D. et al. Have We Underestimated the Likelihood and Severity of Zero Lower Bound Events [J]. Journal of Money, Credit and Banking, 2012, 44 (s1): 47 -82.

[83] Clarida R., Galí J., Gertler M. Monetary Policy Rules and Macroeconomic Stability: Evidence and Some Theory [J]. Quarterly Journal of Economics, 2000, 115 (1): 147 -180.

[84] Cogley T., Sargent T. J. The Conquest of US Inflation: Learning and Robustness to Model Uncertainty [J]. Review of Economic Dynamics, 2005, 8 (2): 528 -563.

[85] Cox C., Ross A. Rubinstein M. Option Pricing: A Simplified Approach [J]. Journal of Financial Economics, 1979, 7 (2): 229 -264.

[86] Cox R. Regression Models and Life-tables [J]. Journal of the Royal Statistical Society, 1972, 34 (2): 187 -220.

[87] Curdia V., Ferrero A., Chen H. The Macroeconomic Effects of Large-Scale Asset Purchase Programs [J]. The Economic Journal, 2012, 122 (564): 289 -315.

[88] David L. On Default Correlation: A Copula Approach [J]. Journal of Fixed Income, 2000, 9 (4): 43 -54.

[89] D'Amico S., English W., López-Salido D. et al. The Federal Reserve's Large-scale Asset Purchase Programs: Rationale and Effects [J]. The E-

conomic Journal, 2012, 122 (564): 415 -446.

[90] Dewatripont, Mathias, and Eric Maskin. Credit and Efficiency in Centralized and Decentralized Economies [J]. Review of Economic Studies, 1995, 62 (4): 541 -555.

[91] Dolado J. R. , María-Dolores, Naveira M. Are Monetary-Policy Reaction Functions Asymmetric? The Role of Nonlinearity in the Phillips Curve [J]. European Economic Review, 2005, 49 (2): 485 -503.

[92] Downing C. , Stanton R. , Wallace N. An Empirical Test of a Two Factor Mortgage Valuation Models: How Much Do House Prices Matter [J]. Real Estate Economics, 2005, 33 (4): 681 -710.

[93] Dunn B. , McConnell J. Valuation of GNMA Mortgage-backed Securities [J]. Journal of Finance, 1981, 36 (3): 599 -617.

[94] Eggertsson G. B. Zero Bound on Interest Rates and Optimal Monetary Policy [J]. Brookings Papers on Economic Activity, 2003 (1): 139 -233.

[95] Elliott Douglas J. , and Qiao Yu. Reforming Shadow Banking in China [R]. Brookings Institution Working Paper, 2015.

[96] Elliott Douglas J. , Arthur Kroeber, and Qiao Yu. Shadow Banking in China: A Primer [R]. Brookings Institution Working Paper, 2015.

[97] Fan Wei, Fang Sihai, Lu Tao. Macro-factors on Gold Pricing during the Financial Crisis [J]. China Finance Review International, 2014, 4 (1): 58 -75.

[98] Fan Gang, Yan Lv. Fiscal Prudence and Growth Sustainability: An Analysis of China's Public Debts [J]. Asian Economic Policy Review, 2012, 7 (2): 202 -220.

[99] Friedman, M. The Lag in Effect of Monetary Policy [J]. Journal of Political Economy, 1961, 69 (5): 447 -466.

[100] Gagnon J. , Raskin M. , Remache J. et al. The Financial Market Effects of the Federal Reserve's Large-Scale Asset Purchases [J]. International Journal of Central Banking, 2011, 7 (1): 3 -43.

[101] Gambacorta L. , Hofmann B. , Peersman G. The Effectiveness of Unconventional Monetary Policy at the Zero Lower Bound: A Cross-Country Analysis [J]. Journal of Money, Credit and Banking, 2014, 46 (4): 615 - 642.

[102] Geert Bekaert, G. , Hoerova M. , Duca M. L. Risk, Uncertainty and Monetary Policy [J]. Journal of Monetary Economics, 2010, 60 (7): 771 - 788.

[103] Gennaioli Nicola, Alberto Martin, and Stefano Rossi. Sovereign Default, Domestic Banks, and Financial Institutions [J]. Journal of Finance, 2014, 69 (2): 819 - 866.

[104] Giannone D. , Lenza M. , Pill H. et al. The ECB and the Interbank Market [J]. The Economic Journal, 2012, 122 (564): 467 - 486.

[105] Gonzalo J. Five Alternative Methods of Estimating Long-run Equilibrium Relationship [J]. Journal of Econometrics, 1994, 60 (1): 203 - 233.

[106] Goodman B. The Price of Gold and International Liquidity [J]. Journal of Finance, 1956, 11 (1): 15 - 28.

[107] Gruen D. , Romalis J. , Chandra N. The Lags of Monetary Policy [J]. Economic Record, 1999, 75 (3): 280 - 294.

[108] Hachem, Kinda Cheryl, and Zheng Michael Song. Liquidity Regulation and Unintended Financial Transformation in China [R]. NBER Working Paper, No. 21880, 2016.

[109] Hayat A. , Mishra S. Federal Reserve Monetary Policy and the Nonlinearity of the Taylor Rule [J]. Economic Modeling, 2010, 27 (5): 1292 - 1301.

[110] Jeanne O. , A. Guscina. Government Debt in Emerging Market Countries: a New Dataset [R], IMF Working Paper, 2006.

[111] Joyce M. , Miles D. , Scott A. et al. Quantitative Easing and Unconventional Monetary Policy [J]. The Economic Journal, 2012, 222 (564): 271 - 288.

[112] Kapetanios G. , Mumtaz H. , Stevens I. et al. Assessing the Econo

my-Wide Effects of Quantitative Easing [J]. The Economic Journal, 2012, 122 (564): 316 - 347.

[113] Kazuo Ueda. Deleveraging and Monetary Policy: Japan since the 1990s and the United States since 2007 [J]. The Journal of Economic Perspectives, 2012, 26 (3): 177 - 201.

[114] Klose J. Asymmetric Taylor Reaction Functions of the ECB: An Approach Depending on the State of the Economy [J]. North American Journal of Economics and Finance, 2011, 22 (2): 149 - 163.

[115] Kornai Janos, Eric Maskin, and Gerard Roland. Understanding the Soft Budget Constraint [J]. Journal of Economic Literature, 2003, 41 (4): 1095 - 1136.

[116] Kreps, David M., and Robert Wilson. Sequential Equilibria [J]. Econometrica, 1982, 50 (4): 863 - 894.

[117] Krugman P. The Eternal Triangle-Explaining International Financial Perplexity [M]. International Economics: Theory and Policy, 6th edition, Addison Wesley, 2003.

[118] Lenza M., Pill H., Reichlin L. Monetary Policy in Exceptional Times [J]. Economic Policy, 2010, 25 (62): 295 - 339.

[119] Lu Yingqiu, and Tao Sun. Local Government Financing Platforms in China: A Fortune or Misfortune [R]. IMF Working Paper, WP/13/243, 2013.

[120] Luis C, Solomos N. Effective Exchange Rates and the Classical Gold Standard Adjustment [J]. American Economic Review, 2005, 95 (4): 1259 - 1275.

[121] Ma Jun. Hidden Fiscal Risks in Local China [J]. Australian Journal of Public Administration, 2013, 72 (3): 278 - 292.

[122] Mehrotra A., Sánchez-Fung J. R. Assessing McCallum and Taylor Rules in a Cross-section of Emerging Market Economies [J]. Journal of International Financial Markets, Institutions and Money, 2011, 21 (2): 207 - 228.

[123] Naraidoo R., Raputsoane L. Optimal Monetary Policy Reaction Function in a Model with Target Zones and Asymmetric Preferences for South Africa [J]. Economic Modeling, 2011, 28 (1): 251-258.

[124] Primiceri G. E. Time-varying Structural Vector Autoregressions and Monetary Policy [J]. The Review of Economic Studies, 2005, 72 (3): 821-852.

[125] Qian Yingyi, Gerard Roland. Federalism and the Soft Budget Constraint [J]. American Economic Review, 1998, 88 (5): 1143-1162.

[126] Reinhart M., K. Rogoff, and M Savastano. Debt Intolerance [J]. Brooking Papers on Economic Activity, 2003 (1): 1-74.

[127] Reinhart M., K. Rogoff. Is the 2007 U. S. Sub-Prime Financial Crisis So Different? An International Historical Comparison [J]. American Economic Review, 2008, 98 (2): 339-344.

[128] Reinhart M., K. Rogoff. This Time is Different [M]. Beijing: China Machine Press, 2012.

[129] Schwartz S., Torous N. Prepayment and the Valuation of Mortgage-backed Securities [J]. Journal of Finance, 1989, 44 (2): 375-392.

[130] Seip K. L., McNown R. Monetary Policy and Stability during Six Periods in US Economic History: 1959—2008: a Novel, Nonlinear Monetary Policy Rule [J]. Journal of Policy Modeling, 2013, 35 (1): 307-325.

[131] Serge W. Eurozone Sovereign Debt Crisis [R], Working Paper, New York University, 2011.

[132] Shleifer Andrei, and Robert W. Vishny. Liquidation Values and Debt Capacity: A Market Equilibrium Approach [J]. Journal of Finance, 1992, 47 (4): 1343-1366.

[133] Sjaastad L, Scacciavillani F. The Price of Gold and the Exchange Rate [J]. Journal of International Money and Finance, 1996, 15 (6): 879 897.

[134] Sjaastad L. The price of gold and the exchange rates: Once again

[J]. Resource Policy, 2008, 33 (2): 118 - 124.

[135] Spence A. Michael. Job Market Signaling [J]. Quarterly Journal of Economics, 1993, 87 (3): 355 - 374.

[136] Stiglitz Joseph E. , Andrew Weiss. Credit Rationing in Markets with Imperfect Information [J]. American Economic Review, 1981, 71 (3): 393 - 410.

[137] Surico P. The Monetary Policy of the European Central Bank [J]. Scandinavian Journal of Economics, 2007, 109 (1): 115 - 135.

[138] Taylor J. B. Macroeconomic Policy in a World Economy: From Econometric Design to Practical Operation [M]. New York: W. W. Norton, 1993.

[139] Triffin R. Gold and the Dollar Crisis: the Future of Convertibility [M]. Yale University Press, 1963.

[140] Tsay R. S. Testing and Modeling Threshold Autoregressive Processes [J]. Journal of the American Statistical Association, 1989, 84 (4): 231 - 240.

[141] Vasicek O. An Equilibrium Characterization of the Term Structure [J]. Journal of Financial Economics, 1977, 11 (5): 177 - 188.

[142] Wang Sheng, and Fan Yu. What Drives Chinese Local Government Bond Yields? [R]. Working Paper, 2014.

[143] Yu Qiao, Fan Wei. Can China Steer Clear of Minsky Moment? [J]. China Finance and Economic Review, 2014, 4 (2): 35 - 51.

[144] Zhang Yuanyuan Sophia, and Steven Barnett. Fiscal Vulnerabilities and Risks from Local Government Finance in China [R]. IMF Working Paper, WP/14/4, 2014.

后　记

——对当前中国债务问题的一些看法

在如今的世界经济版图里，北美、欧盟、东亚经济总量旗鼓相当，都在20万亿美元上下，可谓“三国演绎”。目前由众多国家联合构成的欧盟正处于成员国分化、英国脱欧的进程中，未来在政治、经济领域对美国形成“修昔底德陷阱”压力的必然是来自东亚的中国，这是未来十年的全球宏观形势。在这一背景下，美中两国各自的应对战略可以总结为：美国去全球化、中国去美国化。

西方总是拿中国式市场经济存在这样、那样的问题来推导出看似逻辑严密的“中国崩溃论”，但往往忽略了中国在遇到经济风险时巨大的制度可改革性与调整效率。在过去40年的改革开放中出现的数次经济、金融危机（三角债危机、国企下岗潮危机等）都得到了及时处置和制度革新。相信这次也是如此。

的确，过去十年中国经济增长属于投资拉动型，背后确实是通过提高负债率来拉动GDP，也因此形成了局部的“经济污染”与“金融污染”。我们认为，“经济污染”是部分行业一窝蜂上马所造成的产能过剩，而“金融污染”是过度金融深化所带来的“中国巨债”。过去几年，我们通过供给侧结构性改革已有效化解了“经济污染”，煤炭、钢铁、风电等行业的产能过剩问题已得到明显改善，企业盈利水平有明显恢复；未来几年，有效解决“中国巨债”这一“金融污染”，是中国经济进入新周期、跨越中等收入陷阱的关键所在。

本书通过对债务危机、货币政策应对等问题的学术探讨，希望能对政策制定者化解债务风险、金融研究者探究债务问题有所裨益。

（1）背景

未来五年，中国将处在经济结构与体制转型的关键期。2007年以前我国是出口导向型经济，2008—2017 年是投资拉动型（债务驱动）经济，2018 年以后我国将进入消费型社会。

消费本身波动小，是一国经济发展的稳定器，消费稳定升级后可望带来经济较长时间的次高速增长（6%左右），这对中国跨越中等收入陷阱至关重要。因而，希望这一良性进程不要被某些“黑天鹅”“灰犀牛”所影响。

在解决了实体经济领域的产能过剩问题后，当前中国经济面临的系统性风险主要包括“中国巨债”带来的债务违约风险、持续多年的房地产泡沫、中长期仍然存在的人民币贬值压力等。观史而知今，对近 800 年来经济金融史的研究发现，各国经济、金融危机的爆发有一半以上都是由各种债务违约引发的，包括私人部门债务和公共部门债务。

债务的本质是借债主体（如政府、企业等）对其未来货币信用的透支。由于债务的膨胀是“复利的滚雪球”，如同癌细胞的扩散，必须尽快加以抑制，以防不治。

（2）历史

此次债务问题并非中国首次面对的债务风险。在 20 世纪八九十年代和 2000 年前后，中国曾三次面对比较严重的债务风险。

第一次债务风险是 20 世纪 80 年代全国普遍设立的农村合作基金会，至 90 年代各地普遍出现兑付问题，四川、河北等地甚至出现了较大规模的挤兑风波，并酿成了危及农村社会稳定的极端事件。

第二次债务风险是 20 世纪 90 年代的“三角债”，当时的坏账规模约为 2000 亿元，严重影响了国民经济的健康运行和发展。

第三次债务风险是 21 世纪初国有银行的不良贷款，占银行资产总额的三分之一以上。在银行改革中，首次从四大国有商业银行剥离到资产管理公司的不良资产约有 1.4 万亿元。

对于上述三次债务风险，中国政府通过财政补助、债务清算核销、剥离不良资产、国家注资上市等方式处理并化解了债务危机。

（3）现状

如今，中国再次面对类似困难：2007 年次贷危机之后，中国推出了

“四万亿元”经济刺激计划。从那时起，中国地方政府、国有企业开始了大量举借债务的历程，至今全社会的存量债务达到了至少200万亿元，与我国82万亿元的GDP相比无疑是巨大的，并且债务扩张速度过快。金融是经济的“血液”，债务危机犹如经济患上了血癌，如何化解债务风险值得深入思考与持续关注。

债务（包括本金及利息）犹如癌细胞，治癌首先要防止癌细胞的扩散，“紧信用、降成本”是正解。当前“紧信用”货币政策执行得不错，一定要坚持下去，不能像此前那样时紧时松、贯彻不坚决；但目前“降成本”没有任何起色，2018年以来人民银行去金融行业杠杆，有一定效果，但融资成本出现了快速上升，比如信用等级AA级的企业发行中长期债券，2016年的平均利率约4.5%，如今大约提高了200个基点，达到约6.5%，这同样会造成“癌细胞”的扩散。200万亿元债务每增加2%的利息就是4万亿元，过去10年的债务扩张里保守估计有50万亿元是利息支出，这一点非常值得注意。

而从借债主体的角度讲，政府部门债务大数约为40万亿元，非金融企业部门约为110万亿元，居民部门约为40万亿元，其他部门约为10万亿元。经过数年的债务置换，地方政府通过“旋转门”在一定程度上降低了平均债务成本；居民部门的负债率还不算太高，约50%；较为突出的是非金融企业部门的债务违约风险，该部门的负债率在全球主要经济体中排在首位。近期，由清华大学经济管理学院中国金融研究中心等（笔者也是专家组成员之一）提出的中国社会融资成本指数显示：当前中国企业部门平均融资成本为7.60%，具体可参见表1。

表1　　　　中国企业平均融资成本

中国社会融资成本统计			
融资方式	平均融资成本（%）	融资金额（万亿元）	占比权重（%）
银行贷款	6.60	69.16	57.19
承兑汇票	5.19	12.54	10.37
公开发债	6.68	18.37	15.19
融资性信托	9.25	8.53	7.05

续表

融资方式	平均融资成本（%）	融资金额（万亿元）	占比权重（%）
融资租赁	10.70	5.87	4.85
保理	12.10	0.49	0.41
小贷公司	21.90	0.9704	0.80
互联网金融（网贷）	21	1.22	1.00
上市公司股权质押	7.24	3.77	3.12
企业平均融资成本：7.60%			

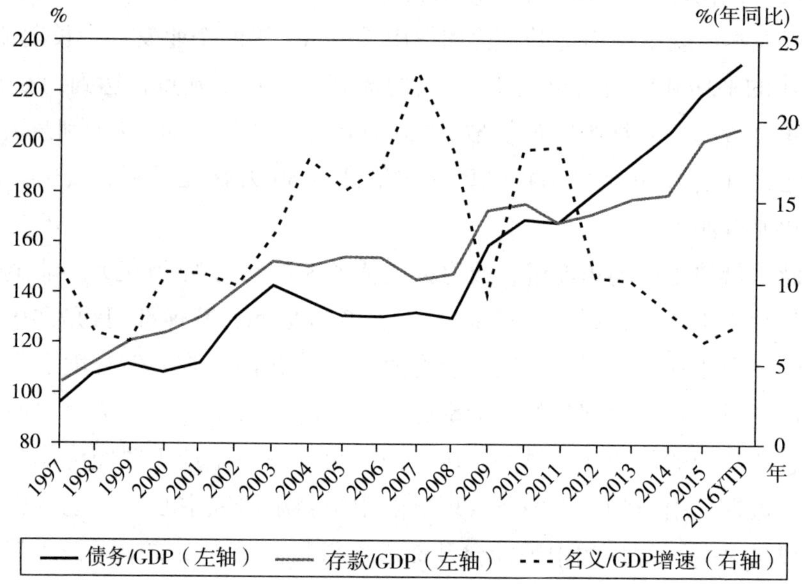

注：1997—2002年债务中的社会融资总量根据人民币贷款规模估算。

图1　债务融资与经济增长

（4）治理

我们的研究认为：2013 年以前新增货币还能产生“债务推动投资”的效果，此后新增货币大部分用于偿还利息、借新还旧，而且这一现象还在加剧（可参见图 1）。2017 年的新增货币供应量约为 12.7 万亿元，而其中用于利息支出的超过 10 万亿元，侵蚀了新增货币的一大部分。理论上，高息债务这样持续滚下去，会让新增货币全部用于偿还利息，政府、企业无力新增投资，经济将趋于停滞。因此，“降成本”应当是党的十九大后相关主管部门首先要解决的问题。

其次，应当稳定外部环境，借助当前美元指数走势较弱的态势，维持当前人民币稳中有升的预期，为未来债务违约率上升、破产重整可能带来的人民币贬值留出空间。避免形成单边的贬值预期，造成资金外流，加剧债务偿还压力。

再次，对于企业部门债务，应快速重组“僵尸企业”，及时止血，切不可拖延致使债务规模继续增长。监管部门应该敦促金融机构（包括银行、信托、证券等）从财务困难企业中尽快确认没有恢复希望的企业，停止输血并进行不良资产重整或处置，提高债务回收率，把损失降低。考虑到金融机构与企业之间千丝万缕的关系可能形成阻碍，可通过建立一个拥有足够政治力量的独立实体来执行“僵尸企业”识别。处置过程中还可引入专业的资产管理公司或债转股公司。同时，国家可为失业工人提供失业保险支持，减轻因企业破产而带来的负面社会影响。

从次，对于政府部门债务，偿债压力大的地方政府可出售不能产生现金流的国有非经营性资产，例如，成都市当年把市政府办公大楼出售，改为“金融城”，为后来成都在西部地区崛起奠定了基础。也可借鉴国外一些有效的偿债方式创新，例如，意大利政府近年应对欧洲主权债务危机的“售后返租”方式，将政府的非经营类资产出售，以获取资金偿还债务，同时租赁使用售出的资产，从而减轻政府短期的偿债压力。

最后，在必要的情况下，可以突破目前法理的限制，尝试对个别债务特别严重的地方政府进行破产重整，“杀鸡儆猴”。具体措施可包括：(1) 降低财政工资支出（绩效、奖金等），削减公务员、事业编制人员数量；(2) 降低财政建设支出，限制所在区域的政府基础设施和公益项目建设；(3) 对相关政府部门负责人进行行政追责、过程审计；(4) 上级财政部门进行托管，并给予适当的财政救助；(5) 协调相关金融机构进行债务展期，减轻短期偿债压力。